Friedrich Schiller

Ewig jung ist nur die Phantasie

Die schönsten Gedichte und Balladen

Friedrich Schiller

Ewig jung ist nur die Phantasie

Die schönsten
Gedichte und Balladen

Herausgegeben von
Hansjürgen Blinn

Aufbau-Verlag

ISBN 3-351-03033-9

2. Auflage 2005

Einbandgestaltung Ute Henkel / Torsten Lemme
Typographie Peter Birmele
Druck und Binden Offizin Andersen Nexö, Leipzig
Printed in Germany

www.aufbau-verlag.de

Für Christa

Inhalt

Anhang

An die Freude

Freude, schöner Götterfunken,
  Tochter aus Elysium,
Wir betreten feuertrunken
  Himmlische, dein Heiligtum.
Deine Zauber binden wieder,
  Was der Mode Schwert geteilt;
Bettler werden Fürstenbrüder,
  Wo dein sanfter Flügel weilt.

Chor

Seid umschlungen, Millionen!
  Diesen Kuß der ganzen Welt!
  Brüder – überm Sternenzelt
Muß ein lieber Vater wohnen.

Wem der große Wurf gelungen,
  Eines Freundes Freund zu sein;
Wer ein holdes Weib errungen,
  Mische seinen Jubel ein!
Ja – wer auch nur *eine* Seele
  Sein nennt auf dem Erdenrund!
Und wers nie gekonnt, der stehle
  Weinend sich aus diesem Bund!

Chor

Was den großen Ring bewohnet,
  Huldige der Sympathie!
  Zu den Sternen leitet sie,
Wo der *Unbekannte* thronet.

Freude trinken alle Wesen
An den Brüsten der Natur,
Alle Guten, alle Bösen
Folgen ihrer Rosenspur.
Küsse gab sie *uns* und *Reben*,
Einen Freund, geprüft im Tod.
Wollust ward dem Wurm gegeben,
Und der Cherub steht vor Gott.

Chor

Ihr stürzt nieder, Millionen?
Ahndest du den Schöpfer, Welt?
Such ihn überm Sternenzelt,
Über Sternen muß er wohnen.

Freude heißt die starke Feder
In der ewigen Natur.
Freude, Freude treibt die Räder
In der großen Weltenuhr.
Blumen lockt sie aus den Keimen,
Sonnen aus dem Firmament,
Sphären rollt sie in den Räumen,
Die des Sehers Rohr nicht kennt.

Chor

Froh, wie seine Sonnen fliegen,
Durch des Himmels prächtgen Plan,
Laufet, Brüder, eure Bahn,
Freudig wie ein Held zum Siegen.

Aus der Wahrheit Feuerspiegel
Lächelt *sie* den Forscher an.
Zu der Tugend steilem Hügel
Leitet *sie* des Dulders Bahn.
Auf des Glaubens Sonnenberge

Sieht man *ihre* Fahnen wehn,
Durch den Riß gesprengter Särge
Sie im Chor der Engel stehn.

Chor

Duldet mutig, Millionen!
Duldet für die beßre Welt!
Droben überm Sternenzelt
Wird ein großer Gott belohnen.

Göttern kann man nicht vergelten,
Schön ists, ihnen gleich zu sein.
Gram und Armut soll sich melden,
Mit den Frohen sich erfreun.
Groll und Rache sei vergessen,
Unserm Todfeind sei verziehn,
Keine Träne soll ihn pressen,
Keine Reue nage ihn.

Chor

Unser Schuldbuch sei vernichtet!
Ausgesöhnt die ganze Welt!
Brüder – überm Sternenzelt
Richtet Gott, wie wir gerichtet.

Freude sprudelt in Pokalen,
In der Traube goldnem Blut
Trinken Sanftmut Kannibalen,
Die Verzweiflung Heldenmut – –
Brüder, fliegt von euren Sitzen,
Wenn der volle Römer kreist,
Laßt den Schaum zum Himmel sprützen:
Dieses Glas dem guten Geist.

Chor

Den der Sterne Wirbel loben,
Den des Seraphs Hymne preist,
Dieses Glas dem guten Geist
Überm Sternenzelt dort oben!

Festen Mut in schwerem Leiden,
Hülfe, wo die Unschuld weint,
Ewigkeit geschwornen Eiden,
Wahrheit gegen Freund und Feind,
Männerstolz vor Königsthronen –
Brüder, gält es Gut und Blut, –
Dem Verdienste seine Kronen,
Untergang der Lügenbrut!

Chor

Schließt den heilgen Zirkel dichter,
Schwört bei diesem goldnen Wein:
Dem Gelübde treu zu sein,
Schwört es bei dem Sternenrichter!

Rettung von Tyrannenketten,
Großmut auch dem Bösewicht,
Hoffnung auf den Sterbebetten,
Gnade auf dem Hochgericht!
Auch die Toten sollen leben!
Brüder, trinkt und stimmet ein,
Allen Sündern soll vergeben,
Und die Hölle nicht mehr sein.

Chor

Eine heitre Abschiedsstunde!
Süßen Schlaf im Leichentuch!
Brüder – einen sanften Spruch
Aus des Totenrichters Munde!

An den Frühling

Willkommen, schöner Jüngling!
Du Wonne der Natur!
Mit deinem Blumenkörbchen
Willkommen auf der Flur!

Ei! ei! da bist ja wieder!
Und bist so lieb und schön!
Und freun wir uns so herzlich,
Entgegen dir zu gehn.

Denkst auch noch an mein Mädchen?
Ei, Lieber, denke doch!
Dort liebte mich das Mädchen,
Und 's Mädchen liebt mich noch!

Fürs Mädchen manches Blümchen
Erbettelt' ich von dir –
Ich komm und bettle wieder,
Und du? – du gibst es mir?

Willkommen, schöner Jüngling!
Du Wonne der Natur!
Mit deinem Blumenkörbchen
Willkommen auf der Flur!

Meine Blumen

Schöne Frühlingskinder, lächelt,
Jauchzet, Veilchen auf der Au!
Süßer Balsamatem fächelt
Aus des Kelches Himmelblau.
Schön das Kleid mit Licht gesticket,
Schön hat Flora euch geschmücket
Mit des Busens Perlentau!
Holde Frühlingskinder, weinet!
Seelen hat sie euch verneinet,
Trauert, Blümchen auf der Au!

Nachtigall und Lerche flöten
Minnelieder über euch,
Und in euren Balsambeeten
Gattet sich das Fliegenreich.
Schuf nicht für die süßen Triebe
Euren Kelch zum Thron der Liebe
So wollüstig die Natur?
Sanfte Frühlingskinder, weinet,
Liebe hat sie euch verneinet,
Trauert, Blümchen auf der Flur!

Aber wenn, vom Dom umzingelt,
Meine Laura euch zerknickt
Und, in einen Kranz geringelt,
Tränend ihrem Dichter schickt –
Leben, Sprache, Seelen, Herzen
Flügelboten süßer Schmerzen!
Goß euch dies Berühren ein.
Von Dionen angefächelt,
Schöne Frühlingskinder, lächelt,
Jauchzet, Blumen in dem Hain!

Der Triumph der Liebe
Eine Hymne

Selig durch die Liebe
Götter – durch die Liebe
  Menschen Göttern gleich!
Liebe macht den Himmel
Himmlischer – die Erde
  Zu dem Himmelreich.

Einstens hinter Pyrrhas Rücken,
  Stimmen Dichter ein,
Sprang die Welt aus Felsenstücken,
  Menschen aus dem Stein.

Stein und Felsen ihre Herzen,
  Ihre Seelen Nacht,
Von des Himmels Flammenkerzen
  Nie in Glut gefacht.

Noch mit sanften Rosenketten
Banden junge Amoretten
  Ihre Seelen nie –
Noch mit Liedern ihren Busen
Huben nicht die weichen Musen,
  Nie mit Saitenharmonie.

Ach! noch wanden keine Kränze
  Liebende sich um!
Traurig flüchteten die Lenze
  Nach Elysium.

Ungegrüßet stieg Aurora
  Aus dem Schoß Oceanus',
Ungeküsset sank die Sonne
  In die Arme Hesperus'.

Wild umirrten sie die Haine,
Unter Lunas Nebelscheine,
    Trugen eisern Joch.
Sehnend an der Sternenbühne
Suchte die geheime Träne
    Keine Götter noch.

—

Und sieh! der blauen Flut entquillt
Die Himmelstochter sanft und mild,
    Getragen von Najaden
    Zu trunkenen Gestaden.

Ein jugendlicher Maienschwung
Durchwebt wie Morgendämmerung
    Auf das allmächtge Werde
    Luft, Himmel, Meer und Erde.

Schon schmilzt der wütende Orkan
(Einst züchtigt' er den Ozean
    Mit rasselndem Gegeißel)
    In lispelndes Gesäusel.

Des holden Tages Auge lacht
In düstrer Wälder Winternacht,
    Balsamische Narzissen
    Blühn unter ihren Füßen.

Schon flötete die Nachtigall
    Den ersten Sang der Liebe,
Schon murmelte der Quellen Fall
    In weiche Busen Liebe.

Glückseliger Pygmalion!
Es schmilzt! es glüht dein Marmor schon!
Gott Amor Überwinder!
Glückseliger Deukalion,
Wie hüpfen deine Felsen schon!
Und äugeln schon gelinder!
Glückseliger Deukalion,
Umarme deine Kinder!

Selig durch die Liebe
Götter – durch die Liebe
Menschen Göttern gleich.
Liebe macht den Himmel
Himmlischer – die Erde
Zu dem Himmelreich.

Unter goldnem Nektarschaum
Ein wollüstger Morgentraum,
Ewig Lustgelage,
Fliehn der Götter Tage.

Prächtig spricht Kronions Donnerhorn,
Der Olympus schwankt erschrocken,
Wallen zürnend seine Locken –
Sphärenwirbeln gibt sein Atem Sporn,
Göttern läßt er seine Throne,
Niedert sich zum Erdensohne,
Seufzt arkadisch durch den Hain,
Zahme Donner untern Füßen,
Schläft, gewiegt von Ledas Küssen,
Schläft der Riesentöter ein.

Majestätsche Sonnenrosse
  Durch des Lichtes weiten Raum
  Leitet Phöbus' goldner Zaum,
Völker stürzt sein rasselndes Geschosse;
  Seine weißen Sonnenrosse,
  Seine rasselnden Geschosse
Unter Lieb und Harmonie
Ha! wie gern vergaß er sie!

Zitternd vor der Götterfürstin
Krümmen sich die Götter, dürsten
  Nach der Gnade goldnem Tau.
Sonnenglanz ist ihre Schminke,
Myriaden jagen ihrem Winke,
  Stolz vor ihrem Wagen prahlt der Pfau.

Schöne Fürstin! ach die Liebe
Zittert mit dem süßen Triebe,
  Deiner Majestät zu nahn.
Seht ihr Kronos' Tochter weinen?
Geister kann ihr Wink verneinen,
  Herzen weißt sie nicht zu fahn.

—

Selig durch die Liebe
Götter – durch die Liebe
  Menschen Göttern gleich.
Liebe macht den Himmel
Himmlischer – die Erde
  Zu dem Himmelreich.

—

Liebe sonnt das Reich der Nacht,
Amors süßer Zaubermacht
Ist der Orkus untertänig:
Freundlich schmollt der schwarze König,
Wenn ihm Ceres' Tochter lacht;
Liebe sonnt das Reich der Nacht.

Himmlisch in die Hölle klangen
Und den wilden Beller zwangen
  Deine Lieder, Thrazier –
Minos, Tränen im Gesichte,
Mildete die Qualgerichte,
Zärtlich um Megärens Wangen
Küßten sich die wilden Schlangen,
  Keine Geißel klatschte mehr;
Aufgejagt von Orpheus' Leier
Flog von Tityon der Geier;
Leiser hin am Ufer rauschten
Lethe und Cocytus, lauschten
  Deinen Liedern, Thrazier,
  Liebe sangst du, Thrazier.

—

Selig durch die Liebe
Götter – durch die Liebe
  Menschen Göttern gleich.
Liebe macht den Himmel
Himmlischer – die Erde
  Zu dem Himmelreich.

—

Durch die ewige Natur
Düftet ihre Blumenspur,
Weht ihr goldner Flügel.
Winkte mir vom Mondenlicht
Aphroditens Auge nicht,
Nicht vom Sonnenhügel?
Lächelte vom Sternenmeer
Nicht die Göttin zu mir her,
Wehte nicht ihr Flügel
In des Frühlings Balsamhauch,
Liebe nicht im Rosenstrauch,
Nicht im Kuß der Weste –
Stern und Sonn und Mondenlicht,
Frühling, Rosen, Weste nicht
Lüden mich zum Feste.
Liebe, Liebe lächelt nur
Aus dem Auge der Natur
Wie aus ihrem Spiegel!

Liebe rauscht der Silberbach,
Liebe lehrt ihn sanfter wallen;
Seele haucht sie in das Ach
Klagenreicher Nachtigallen,
Unnachahmliches Gefühl
In der Saiten Wonnespiel,
Wenn sie *Laura!* hallen.
Liebe, Liebe lispelt nur
Auf der Laute der Natur.

Weisheit mit dem Sonnenblick,
Große Göttin, tritt zurück,
Weiche vor der Liebe.
Nie Erobrern, Fürsten nie
Beugtest du ein Sklavenknie,
Beug es itzt der Liebe.

Wer die steile Sternenbahn
Ging dir heldenkühn voran
   Zu der Gottheit Sitze?
Wer zerriß das Heiligtum,
Zeigte dir Elysium
   Durch des Grabes Ritze?
Lockte *sie* uns nicht hinein,
Möchten wir *unsterblich* sein?
Suchten auch die Geister
Ohne sie den Meister?
   Liebe, Liebe leitet nur
   Zu dem Vater der Natur,
      Liebe nur die Geister.

Selig durch die Liebe
Götter – durch die Liebe
   Menschen Göttern gleich.
Liebe macht den Himmel
Himmlischer – die Erde
   Zu dem Himmelreich.

Phantasie an Laura

Meine Laura! Nenne mir den Wirbel,
Der an Körper Körper mächtig reißt,
Nenne, meine Laura, mir den Zauber,
Der zum Geist monarchisch zwingt den Geist.

Sieh! er lehrt die schwebenden Planeten
Ewgen Ringgangs um die Sonne fliehn
Und, gleich Kindern um die Mutter hüpfend,
Bunte Zirkel um die Fürstin ziehn;

Durstig trinkt den goldnen Strahlenregen
Jedes rollende Gestirn,
Trinkt aus ihrem Feuerkelch Erquickung,
Wie die Glieder Geister vom Gehirn.

Sonnenstäubchen paart mit Sonnenstäubchen
Sich in trauter Harmonie,
Sphären ineinander lenkt die Liebe,
Weltsysteme dauren nur durch sie.

Tilge sie vom Uhrwerk der Naturen –
Trümmernd auseinander springt das All,
In das Chaos donnern eure Welten,
Weint, Newtone, ihren Riesenfall!

Tilg die Göttin aus der Geister Orden,
Sie erstarren in der Körper Tod,
Ohne Liebe kehrt kein Frühling wieder,
Ohne Liebe preist kein Wesen Gott!

Und was ists, das, wenn mich Laura küsset,
  Purpurflammen auf die Wangen geußt,
Meinem Herzen raschern Schwung gebietet,
  Fiebrisch wild mein Blut von hinnen reißt?

Aus den Schranken schwellen alle Sehnen,
  Seine Ufer überwallt das Blut,
Körper will in Körper überstürzen,
  Lodern Seelen in vereinter Glut;

Gleich allmächtig wie dort in der toten
  Schöpfung ewgen Federtrieb
Herrscht im arachneischen Gewebe
  Der empfindenden Natur die Lieb.

Siehe, Laura, Fröhlichkeit umarmet
  Wilder Schmerzen Überschwung,
An der Hoffnung Liebesbrust erwarmet
  Starrende Verzweifelung.

Schwesterliche Wollust mildert
  Düstrer Schwermut Schauernacht,
Und entbunden von den goldnen Kindern
  Strahlt das Auge Sonnenpracht.

Waltet nicht auch durch des Übels Reiche
  Fürchterliche Sympathie?
Mit der Hölle buhlen unsre Laster,
  Mit dem Himmel grollen sie.

Um die Sünde flechten Schlangenwirbel
  Scham und Reu, das Eumenidenpaar,
Um der Größe Adlerflügel windet
  Sich verrätrisch die Gefahr.

Mit dem Stolze pflegt der Sturz zu tändeln,
Um das Glück zu klammern sich der Neid,
Ihrem Bruder Tode zuzuspringen
Offnen Armes Schwester Lüsternheit.

Mit der Liebe Flügel eilt die Zukunft
In die Arme der Vergangenheit,
Lange sucht der fliehende Saturnus
Seine Braut – die Ewigkeit.

Einst – so hör ich das Orakel sprechen –
Einsten hascht Saturn die Braut,
Weltenbrand wird Hochzeitfackel werden,
Wenn mit Ewigkeit die Zeit sich traut.

Eine schönere Aurora rötet,
Laura, dann auch unsrer Liebe sich,
Die so lang als jener Brautnacht dauert,
Laura! Laura! freue dich!

Laura am Klavier

Wenn dein Finger durch die Saiten meistert –
Laura, itzt zur Statue entgeistert,
  Itzt entkörpert steh ich da.
Du gebietest über Tod und Leben,
Mächtig wie von tausend Nervgeweben
  Seelen fordert Philadelphia; –

Ehrerbietig leiser rauschen
Dann die Lüfte, dir zu lauschen;
  Hingeschmiedet zum Gesang,
  Stehn im ewgen Wirbelgang,
Einzuziehn die Wonnefülle,
Lauschende Naturen stille,
  Zauberin! mit Tönen, wie
  Mich mit Blicken, zwingst du sie.

Seelenvolle Harmonien wimmeln,
  Ein wollüstig Ungestüm,
Aus den Saiten, wie aus ihren Himmeln
  Neugeborne Seraphim;
Wie, des Chaos Riesenarm entronnen,
Aufgejagt vom Schöpfungssturm die Sonnen
  Funkend fuhren aus der Finsternus,
  Strömt der goldne Saitenguß.

Lieblich itzt wie über bunten Kieseln
Silberhelle Fluten rieseln, –
  Majestätisch prächtig nun
  Wie des Donners Orgelton,
Stürmend von hinnen itzt, wie sich von Felsen
Rauschende, schäumende Gießbäche wälzen,

Holdes Gesäusel bald,
  Schmeichlerisch linde,
Wie durch den Espenwald
  Buhlende Winde,
Schwerer nun und melancholisch düster,
Wie durch toter Wüsten Schauernachtgeflüster,
  Wo verlornes Heulen schweift,
  Tränenwellen der Cocytus schleift.

Mädchen, sprich! Ich frage, gib mir Kunde:
Stehst mit höhern Geistern du im Bunde?
  Ists die Sprache, lüg mir nicht,
  Die man in Elysen spricht?

Von dem Auge weg der Schleier!
  Starre Riegel von dem Ohr!
Mädchen! Ha! schon atm ich freier,
Läutert mich ätherisch Feuer?
  Tragen Wirbel mich empor? – –

Neuer Geister Sonnensitze
  Winken durch zerrißner Himmel Ritze –
  Überm Grabe Morgenrot!
Weg, ihr Spötter, mit Insektenwitze!
  Weg! Es ist ein Gott – – – –

An Minna

Träum ich? Ist mein Auge trüber?
  Nebelts mir ums Angesicht?
Meine Minna geht vorüber?
  Meine Minna kennt mich nicht?
Die am Arme seichter Laffen
  Blähend mit dem Fächer ficht,
Nimmer satt sich zu begaffen? –
  Meine Minna ist es nicht.

Von dem Sonnenhute nicken
  Stolze Federn, mein Geschenk,
Schleifen, die den Busen schmücken,
  Rufen: Minna, sei gedenk!
Blumen, die ich selbst erzogen,
  Zieren Brust und Locken noch –
Ach die Brust, die mir gelogen! –
  Und die Blumen blühen doch!

Geh! umhüpft von leeren Schmeichlern!
  Geh! vergiß auf ewig mich.
Überliefert feilen Heuchlern,
  Eitles Weib, veracht ich dich.
Geh! dir hat ein Herz geschlagen,
  Dir ein Herz, das edel schlug,
Groß genug, den Schmerz zu tragen,
  Daß es einer Hure schlug.

Schönheit hat dein Herz verdorben,
  Dein Gesichtchen! schäme dich.
Morgen ist sein Glanz erstorben,
  Seine Rose blättert sich.

Schwalben, die im Lenze minnen,
  Fliehen, wenn der Nordwind weht,
Buhler scheucht dein Herbst von hinnen,
  Einen Freund hast du verschmäht.

In den Trümmern deiner Schöne
  Seh ich dich verlassen gehn,
Weinend in die Blumenszene
  Deines Mais zurücke sehn.
Die mit heißem Liebesgeize
  Deinem Kuß entgegenflohn,
Zischen dem erloschnen Reize,
  Lachen deinem Winter Hohn.

Schönheit hat dein Herz verdorben,
  Dein Gesichtchen! – schäme dich.
Morgen ist sein Glanz erstorben,
  Seine Rose blättert sich –
Ha! wie will ich dann dich höhnen!
  Höhnen? Gott bewahre mich!
Weinen will ich bittre Tränen,
  Weinen, Minna, über dich.

Das Glück und die Weisheit

Entzweit mit einem Favoriten,
Flog einst Fortun' der Weisheit zu.
»Ich will dir meine Schätze bieten,
Sei meine Freundin du!

Mein Füllhorn goß ich dem Verschwender
In seinen Schoß, so mütterlich!
Und sieh! Er fodert drum nicht minder
Und nennt noch geizig mich.

Komm, Schwester, laß uns Freundschaft schließen,
Du keuchst so schwer an deinem Pflug.
In deinen Schoß will ich sie gießen,
Auf, folge mir! – Du hast genug.«

Die Weisheit läßt die Schaufel sinken
Und wischt den Schweiß vom Angesicht.
»Dort eilt dein Freund – sich zu erhenken,
Versöhnet euch – ich brauch dich nicht.«

Resignation
Eine Phantasie

Auch ich war in Arkadien geboren,
  Auch mir hat die Natur
An meiner Wiege Freude zugeschworen,
Auch ich war in Arkadien geboren,
  Doch Tränen gab der kurze Lenz mir nur.

Des Lebens Mai blüht einmal und nicht wieder,
  Mir hat er abgeblüht.
Der stille Gott – o weinet, meine Brüder –
Der stille Gott taucht meine Fackel nieder,
  Und die Erscheinung flieht.

Da steh ich schon auf deiner Schauerbrücke,
  Ehrwürdge Geistermutter – Ewigkeit.
Empfange meinen Vollmachtbrief zum Glücke,
Ich bring ihn unerbrochen dir zurücke,
  Mein Lauf ist aus. Ich weiß von keiner Seligkeit.

Vor deinem Thron erheb ich meine Klage,
  Verhüllte Richterin.
Auf jenem Stern ging eine frohe Sage,
Du thronest hier mit des Gerichtes Waage
  Und nennest dich Vergelterin.

Hier – spricht man – warten Schrecken auf den Bösen,
  Und Freuden auf den Redlichen.
Des Herzens Krümmen werdest du entblößen,
Der Vorsicht Rätsel werdest du mir lösen
  Und Rechnung halten mit dem Leidenden.

Hier öffne sich die Heimat dem Verbannten,
Hier endige des Dulders Dornenbahn.
Ein Götterkind, das sie mir Wahrheit nannten,
Die meisten flohen, wenige nur kannten,
Hielt meines Lebens raschen Zügel an.

»Ich zahle dir in einem andern Leben,
Gib deine Jugend mir!
Nichts kann ich dir als diese Weisung geben.«
Ich nahm die Weisung auf das andre Leben,
Und meiner Jugend Freuden gab ich ihr.

»Gib mir das Weib, so teuer deinem Herzen,
Gib deine Laura mir.
Jenseits der Gräber wuchern deine Schmerzen.« –
Ich riß sie blutend aus dem wunden Herzen
Und weinte laut und gab sie ihr.

»Du siehst die Zeit nach jenen Ufern fliegen,
Die blühende Natur
Bleibt hinter ihr – ein welker Leichnam – liegen.
Wenn Erd und Himmel trümmernd auseinanderfliegen,
Daran erkenne den erfüllten Schwur.«

»Die Schuldverschreibung lautet an die Toten«,
Hohnlächelte die Welt,
»Die Lügnerin, gedungen von Despoten,
Hat für die Wahrheit Schatten dir geboten,
Du bist nicht mehr, wenn dieser Schein verfällt.«

Frech witzelte das Schlangenheer der Spötter:
»Vor einem Wahn, den nur Verjährung weiht,
Erzitterst du? Was sollen deine Götter,
Des kranken Weltplans schlau erdachte Retter,
Die Menschenwitz des Menschen Notdurft leiht?

Ein Gaukelspiel, ohnmächtigen Gewürmen
   Vom Mächtigen gegönnt,
Schreckfeuer, angesteckt auf hohen Türmen,
Die Phantasie des Träumers zu bestürmen,
   Wo des Gesetzes Fackel dunkel brennt.

Was heißt die Zukunft, die uns Gräber decken?
   Die Ewigkeit, mit der du eitel prangst?
Ehrwürdig nur, weil schlaue Hüllen sie verstecken,
Der Riesenschatten unsrer eignen Schrecken
   Im hohlen Spiegel der Gewissensangst;

Ein Lügenbild lebendiger Gestalten,
   Die Mumie der Zeit,
Vom Balsamgeist der Hoffnung in den kalten
Behausungen des Grabes hingehalten,
   Das nennt dein Fieberwahn – Unsterblichkeit?

Für Hoffnungen – Verwesung straft sie Lügen –
   Gabst du *gewisse* Güter hin?
Sechstausend Jahre hat der Tod geschwiegen,
Kam je ein Leichnam aus der Gruft gestiegen,
   Der Meldung tat von der Vergelterin?« –

Ich sah die Zeit nach deinen Ufern fliegen,
   Die blühende Natur
Blieb hinter ihr, ein welker Leichnam, liegen,
Kein Toter kam aus seiner Gruft gestiegen,
   Und fest vertraut ich auf den Götterschwur.

All meine Freuden hab ich dir geschlachtet,
   Jetzt werf ich mich vor deinen Richterthron.
Der Menge Spott hab ich beherzt verachtet,
Nur *deine* Güter hab ich groß geachtet,
   Vergelterin, ich fodre meinen Lohn.

»Mit gleicher Liebe lieb ich meine Kinder!«
Rief unsichtbar ein Genius.
»Zwei Blumen«, rief er, »– hört es, Menschenkinder –
Zwei Blumen blühen für den weisen Finder,
Sie heißen *Hoffnung* und *Genuß*.

Wer dieser Blumen eine brach, begehre
Die andre Schwester nicht.
Genieße, wer nicht glauben kann. Die Lehre
Ist ewig wie die Welt. Wer glauben kann, entbehre.
Die Weltgeschichte ist das Weltgericht.

Du hast *gehofft*, dein Lohn ist abgetragen,
Dein *Glaube* war dein zugewognes Glück.
Du konntest deine Weisen fragen,
Was man von der Minute ausgeschlagen,
Gibt keine Ewigkeit zurück.«

Die Ideale

So willst du treulos von mir scheiden
Mit deinen holden Phantasien,
Mit deinen Schmerzen, deinen Freuden,
Mit allen unerbittlich fliehn?
Kann nichts dich, Fliehende, verweilen,
O! meines Lebens goldne Zeit?
Vergebens, deine Wellen eilen
Hinab ins Meer der Ewigkeit.

Erloschen sind die heitern Sonnen,
Die meiner Jugend Pfad erhellt,
Die Ideale sind zerronnen,
Die einst das trunkne Herz geschwellt,
Er ist dahin, der süße Glaube
An Wesen, die mein Traum gebar,
Der rauhen Wirklichkeit zum Raube,
Was einst so schön, so göttlich war.

Wie einst mit flehendem Verlangen
Pygmalion den Stein umschloß,
Bis in des Marmors kalte Wangen
Empfindung glühend sich ergoß,
So schlang ich mich mit Liebesarmen
Um die Natur, mit Jugendlust,
Bis sie zu atmen, zu erwarmen
Begann an meiner Dichterbrust,

Und, teilend meine Flammentriebe,
Die Stumme eine Sprache fand,
Mir wiedergab den Kuß der Liebe
Und meines Herzens Klang verstand;
Da lebte mir der Baum, die Rose,

Mir sang der Quellen Silberfall,
Es fühlte selbst das Seelenlose
Von meines Lebens Widerhall.

Es dehnte mit allmächtgem Streben
Die enge Brust ein kreisend All,
Herauszutreten in das Leben
In Tat und Wort, in Bild und Schall.
Wie groß war diese Welt gestaltet,
Solang die Knospe sie noch barg,
Wie wenig, ach! hat sich entfaltet,
Dies wenige, wie klein und karg!

Wie sprang, von kühnem Mut beflügelt,
Beglückt in seines Traumes Wahn,
Von keiner Sorge noch gezügelt,
Der Jüngling in des Lebens Bahn.
Bis an des Äthers bleichste Sterne
Erhob ihn der Entwürfe Flug,
Nichts war so hoch und nichts so ferne,
Wohin ihr Flügel ihn nicht trug.

Wie leicht ward er dahingetragen,
Was war dem Glücklichen zu schwer!
Wie tanzte vor des Lebens Wagen
Die luftige Begleitung her!
Die Liebe mit dem süßen Lohne,
Das Glück mit seinem goldnen Kranz,
Der Ruhm mit seiner Sternenkrone,
Die Wahrheit in der Sonne Glanz!

Doch, ach! schon auf des Weges Mitte
Verloren die Begleiter sich,
Sie wandten treulos ihre Schritte,
Und einer nach dem andern wich.

Leichtfüßig war das Glück entflogen,
Des Wissens Durst blieb ungestillt,
Des Zweifels finstre Wetter zogen
Sich um der Wahrheit Sonnenbild.

Ich sah des Ruhmes heilge Kränze
Auf der gemeinen Stirn entweiht.
Ach, allzuschnell nach kurzem Lenze,
Entfloh die schöne Liebeszeit.
Und immer stiller wards und immer
Verlaßner auf dem rauhen Steg,
Kaum warf noch einen bleichen Schimmer
Die Hoffnung auf den finstern Weg.

Von all dem rauschenden Geleite,
Wer harrte liebend bei mir aus?
Wer steht mir tröstend noch zur Seite
Und folgt mir bis zum finstern Haus?
Du, die du alle Wunden heilest,
Der Freundschaft leise, zarte Hand,
Des Lebens Bürden liebend teilest,
Du, die ich frühe sucht' und fand,

Und du, die gern sich mit ihr gattet,
Wie sie der Seele Sturm beschwört,
Beschäftigung, die nie ermattet,
Die langsam schafft, doch nie zerstört,
Die zu dem Bau der Ewigkeiten
Zwar Sandkorn nur für Sandkorn reicht,
Doch von der großen Schuld der Zeiten
Minuten, Tage, Jahre streicht.

Die Geschlechter

Sieh in dem zarten Kind zwei liebliche Blumen vereinigt,
Jungfrau und Jüngling, sie deckt beide die Knospe noch zu.
Leise löst sich das Band, es entzweien sich zart die Naturen,
Und von der holden Scham trennet sich feurig die Kraft.
Gönne dem Knaben zu spielen, in wilder Begierde zu toben:
Nur die gesättigte Kraft kehret zur Anmut zurück.
Aus der Knospe beginnt die doppelte Blume zu streben,
Köstlich ist jede, doch stillt keine dein sehnendes Herz.
Reizende Fülle schwellt der Jungfrau blühende Glieder,
Aber der Stolz bewacht streng wie der Gürtel den Reiz.
Scheu wie das zitternde Reh, das ihr Horn durch die Wälder verfolget,
Flieht sie im Mann nur den Feind, hasset noch, weil sie nicht liebt.
Trotzig schauet und kühn aus finstern Wimpern der Jüngling,
Und, gehärtet zum Kampf, spannet die Sehne sich an.
Fern in der Speere Gewühl und auf die stäubende Rennbahn
Ruft ihn der lockende Ruhm, reißt ihn der brausende Mut.
Jetzt beschütze dein Werk, Natur! Auseinander auf immer
Fliehet, wenn du nicht vereinst, feindlich, was ewig sich sucht.
Aber da bist du, du Mächtige, schon, aus dem wildesten Streite
Rufst du der Harmonie göttlichen Frieden hervor.

Tief verstummet die lärmende Jagd, des rauschenden Tages
Tosen verhallet, und leis sinken die Sterne herab.
Seufzend flüstert das Rohr, sanft murmelnd gleiten die Bäche,
Und mit melodischem Lied füllt Philomela den Hain.
Was erreget zu Seufzern der Jungfrau steigenden Busen?
Jüngling, was füllet den Blick schwellend mit Tränen dir an?
Ach, sie suchet umsonst, was sie sanft anschmiegend umfasse,
Und die schwellende Frucht beuget zur Erde die Last.
Ruhelos strebend verzehrt sich in eigenen Flammen der Jüngling,
Ach, der brennenden Glut wehet kein lindernder Hauch.
Siehe, da finden sie sich, es führet sie Amor zusammen,
Und dem geflügelten Gott folgt der geflügelte Sieg.
Göttliche Liebe, du bists, die der Menschheit Blumen vereinigt,
Ewig getrennt, sind sie doch ewig verbunden durch dich.

Das Mädchen aus der Fremde

In einem Tal bei armen Hirten
Erschien mit jedem jungen Jahr,
Sobald die ersten Lerchen schwirrten,
Ein Mädchen, schön und wunderbar.

Sie war nicht in dem Tal geboren,
Man wußte nicht, woher sie kam,
Und schnell war ihre Spur verloren,
Sobald das Mädchen Abschied nahm.

Beseligend war ihre Nähe,
Und alle Herzen wurden weit,
Doch eine Würde, eine Höhe
Entfernte die Vertraulichkeit.

Sie brachte Blumen mit und Früchte,
Gereift auf einer andern Flur,
In einem andern Sonnenlichte,
In einer glücklichern Natur.

Und teilte jedem eine Gabe,
Dem Früchte, jenem Blumen aus,
Der Jüngling und der Greis am Stabe,
Ein jeder ging beschenkt nach Haus.

Willkommen waren alle Gäste,
Doch nahte sich ein liebend Paar,
Dem reichte sie der Gaben beste,
Der Blumen allerschönste dar.

Die Begegnung

Noch seh ich sie, umringt von ihren Frauen,
Die herrlichste von allen stand sie da,
Wie eine Sonne war sie anzuschauen,
Ich stand von fern und wagte mich nicht nah,
Es faßte mich mit wollustvollem Grauen,
Als ich den Glanz vor mir verbreitet sah,
Doch schnell, als hätten Flügel mich getragen,
Ergriff es mich, die Saiten anzuschlagen.

Was ich in jenem Augenblick empfunden
Und was ich sang, vergebens sinn ich nach,
Ein neu Organ hatt ich in mir gefunden,
Das meines Herzens heilge Regung sprach,
Die Seele wars, die, jahrelang gebunden,
Durch alle Fesseln jetzt auf einmal brach
Und Töne fand in ihren tiefsten Tiefen,
Die ungeahnt und göttlich in ihr schliefen.

Und als die Saiten lange schon geschwiegen,
Die Seele endlich mir zurücke kam,
Da sah ich in den engelgleichen Zügen
Die Liebe ringen mit der holden Scham,
Und alle Himmel glaubt' ich zu erfliegen,
Als ich das leise süße Wort vernahm –
O droben nur in selger Geister Chören
Werd ich des Tones Wohllaut wieder hören!

»Das treue Herz, das trostlos sich verzehrt
Und still bescheiden nie gewagt zu sprechen,
Ich kenne den ihm selbst verborgnen Wert,
Am rohen Glück will ich das Edle rächen.

Dem Armen sei das schönste Los beschert,
Nur Liebe darf der Liebe Blume brechen.
Der schönste Schatz gehört dem Herzen an,
Das ihn erwidern und empfinden kann.«

Das Geheimnis

Sie konnte mir kein Wörtchen sagen,
Zu viele Lauscher waren wach,
Den Blick nur durft ich schüchtern fragen,
Und wohl verstand ich, was er sprach.
Leis komm ich her in deine Stille,
Du schön belaubtes Buchenzelt,
Verbirg in deiner grünen Hülle
Die Liebenden dem Aug der Welt.

Von ferne mit verworrnem Sausen
Arbeitet der geschäftge Tag,
Und durch der Stimmen hohles Brausen
Erkenn ich schwerer Hämmer Schlag.
So sauer ringt die kargen Lose
Der Mensch dem harten Himmel ab,
Doch leicht erworben, aus dem Schoße
Der Götter fällt das Glück herab.

Daß ja die Menschen nie es hören,
Wie treue Lieb uns still beglückt!
Sie können nur die Freude stören,
Weil Freude nie sie selbst entzückt.
Die Welt wird nie das Glück erlauben,
Als Beute wird es nur gehascht,
Entwenden mußt dus oder rauben,
Eh dich die Mißgunst überrascht.

Leis auf den Zehen kommts geschlichen,
Die Stille liebt es und die Nacht,
Mit schnellen Füßen ists entwichen,
Wo des Verräters Auge wacht.

O schlinge dich, du sanfte Quelle,
Ein breiter Strom um uns herum,
Und drohend mit empörter Welle
Verteidige dies Heiligtum!

An Emma

Weit in nebelgrauer Ferne
  Liegt mir das vergangne Glück;
Nur an *einem* schönen Sterne
  Weilt mit Liebe noch der Blick;
Aber wie des Sternes Pracht
Ist es nur ein Schein der Nacht.

Deckte dir der lange Schlummer,
  Dir der Tod die Augen zu,
Dich besäße doch mein Kummer,
  Meinem Herzen lebtest du.
Aber ach! du lebst im Licht,
Meiner Liebe lebst du nicht.

Kann der Liebe süß Verlangen,
  Emma, kann's vergänglich sein?
Was dahin ist und vergangen,
  Emma, kann's die Liebe sein?
Ihrer Flamme Himmelsglut
Stirbt sie, wie ein irdisch Gut?

Des Mädchens Klage

Der Eichwald brauset,
Die Wolken ziehn,
Das Mägdlein sitzet
An Ufers Grün,
Es bricht sich die Welle mit Macht, mit Macht,
Und sie seufzt hinaus in die finstre Nacht,
Das Auge vom Weinen getrübet.

»Das Herz ist gestorben,
Die Welt ist leer,
Und weiter gibt sie
Dem Wunsche nichts mehr.
Du Heilige, rufe dein Kind zurück,
Ich habe genossen das irdische Glück,
Ich habe gelebt und geliebet!«

Es rinnet der Tränen
Vergeblicher Lauf,
Die Klage, sie wecket
Die Toten nicht auf,
Doch nenne, was tröstet und heilet die Brust
Nach der süßen Liebe verschwundener Lust,
Ich, die himmlische, wills nicht versagen.

»Laß rinnen der Tränen
Vergeblichen Lauf,
Es wecke die Klage
Den Toten nicht auf,
Das süßeste Glück für die traurende Brust,
Nach der schönen Liebe verschwundener Lust,
Sind der Liebe Schmerzen und Klagen.«

Der Jüngling am Bache

An der Quelle saß der Knabe,
  Blumen wand er sich zum Kranz,
Und er sah sie fortgerissen,
  Treiben in der Wellen Tanz.
»Und so fliehen meine Tage
  Wie die Quelle rastlos hin!
Und so bleichet meine Jugend,
  Wie die Kränze schnell verblühn!

Fraget nicht, warum ich traure
  In des Lebens Blütenzeit!
Alles freuet sich und hoffet,
  Wenn der Frühling sich erneut.
Aber diese tausend Stimmen
  Der erwachenden Natur
Wecken in dem tiefen Busen
  Mir den schweren Kummer nur.

Was soll mir die Freude frommen,
  Die der schöne Lenz mir beut?
Eine nur ists, die ich suche,
  Sie ist nah und ewig weit.
Sehnend breit ich meine Arme
  Nach dem teuren Schattenbild,
Ach, ich kann es nicht erreichen,
  Und das Herz bleibt ungestillt!

Komm herab, du schöne Holde,
  Und verlaß dein stolzes Schloß!
Blumen, die der Lenz geboren,
  Streu ich dir in deinen Schoß.

Horch, der Hain erschallt von Liedern,
  Und die Quelle rieselt klar!
Raum ist in der kleinsten Hütte
  Für ein glücklich liebend Paar.«

Der Metaphysiker

»Wie tief liegt unter mir die Welt,
Kaum seh ich noch die Menschlein unten wallen!
Wie trägt mich meine Kunst, die *höchste* unter allen,
So nahe an des Himmels Zelt!«
So ruft von seines Turmes Dache
Der Schieferdecker, so der kleine große Mann
Hans Metaphysikus in seinem Schreibgemache.
Sag an, du kleiner großer Mann,
Der Turm, von dem dein Blick so vornehm niederschauet,
Wovon ist er – *worauf* ist er erbauet?
Wie kamst du selbst hinauf, – und seine kahlen Höhn,
Wozu sind sie dir nütz, als in das Tal zu sehn?

Die Teilung der Erde

»Nehmt hin die Welt!« rief Zeus von seinen Höhen
Den Menschen zu. »Nehmt, sie soll euer sein!
Euch schenk ich sie zum Erb und ewgen Lehen,
Doch teilt euch brüderlich darein.«

Da eilt, was Hände hat, sich einzurichten,
Es regte sich geschäftig jung und alt.
Der Ackermann griff nach des Feldes Früchten,
Der Junker birschte durch den Wald.

Der Kaufmann nimmt, was seine Speicher fassen,
Der Abt wählt sich den edeln Firnewein,
Der König sperrt die Brücken und die Straßen
Und sprach: »Der Zehente ist mein.«

Ganz spät, nachdem die Teilung längst geschehen,
Naht der Poet, er kam aus weiter Fern;
Ach! da war überall nichts mehr zu sehen,
Und alles hatte seinen Herrn!

»Weh mir! so soll ich denn allein von allen
Vergessen sein, ich, dein getreuster Sohn?«
So ließ er laut der Klage Ruf erschallen
Und warf sich hin vor Jovis Thron.

»Wenn du im Land der Träume dich verweilet«,
Versetzt der Gott, »so hadre nicht mit mir.
Wo warst du denn, als man die Welt geteilet?« –
»Ich war«, sprach der Poet, »bei dir.

Mein Auge hing an deinem Angesichte,
An deines Himmels Harmonie mein Ohr –
Verzeih dem Geiste, der, von deinem Lichte
Berauscht, das Irdische verlor!«

»Was tun?« spricht Zeus. »Die Welt ist weggegeben,
Der Herbst, die Jagd, der Markt ist nicht mehr mein.
Willst du in meinem Himmel mit mir leben:
So oft du kommst, er soll dir offen sein.«

Die Künstler

Wie schön, o Mensch, mit deinem Palmenzweige
Stehst du an des Jahrhunderts Neige,
In edler stolzer Männlichkeit,
Mit aufgeschloßnem Sinn, mit Geistesfülle,
Voll milden Ernsts, in tatenreicher Stille,
Der reifste Sohn der Zeit,
Frei durch Vernunft, stark durch Gesetze,
Durch Sanftmut groß, und reich durch Schätze,
Die lange Zeit dein Busen dir verschwieg,
Herr der Natur, die deine Fesseln liebet,
Die deine Kraft in tausend Kämpfen übet
Und prangend unter dir aus der Verwildrung stieg!

Berauscht von dem errungnen Sieg,
Verlerne nicht, die Hand zu preisen,
Die an des Lebens ödem Strand
Den weinenden verlaßnen Waisen,
Des wilden Zufalls Beute, fand,
Die frühe schon der künftgen Geisterwürde
Dein junges Herz im stillen zugekehrt,
Und die befleckende Begierde
Von deinem zarten Busen abgewehrt,
Die Gütige, die deine Jugend
In hohen Pflichten spielend unterwies,
Und das Geheimnis der erhabnen Tugend
In leichten Rätseln dich erraten ließ,
Die, reifer nur ihn wieder zu empfangen,
In fremde Arme ihren Liebling gab,
O falle nicht mit ausgeartetem Verlangen
Zu ihren niedern Dienerinnen ab!
Im Fleiß kann dich die Biene meistern,

In der Geschicklichkeit ein Wurm dein Lehrer sein,
Dein Wissen teilest du mit vorgezognen Geistern,
Die *Kunst*, o Mensch, hast du allein.

Nur durch das Morgentor des Schönen
Drangst du in der Erkenntnis Land.
An höhern Glanz sich zu gewöhnen,
Übt sich am Reize der Verstand.
Was bei dem Saitenklang der Musen
Mit süßem Beben dich durchdrang,
Erzog die Kraft in deinem Busen,
Die sich dereinst zum Weltgeist schwang.

Was erst, nachdem Jahrtausende verflossen,
Die alternde Vernunft erfand,
Lag im Symbol des Schönen und des Großen
Voraus geoffenbart dem kindischen Verstand.
Ihr holdes Bild hieß uns die Tugend lieben,
Ein zarter Sinn hat vor dem Laster sich gesträubt,
Eh noch ein Solon das Gesetz geschrieben,
Das matte Blüten langsam treibt.
Eh vor des Denkers Geist der kühne
Begriff des ewgen Raumes stand,
Wer sah hinauf zur Sternenbühne,
Der ihn nicht ahndend schon empfand?

Die, eine Glorie von Orionen
Ums Angesicht, in hehrer Majestät,
Nur angeschaut von reineren Dämonen,
Verzehrend über Sternen geht,
Geflohn auf ihrem Sonnenthrone,
Die furchtbar herrliche Urania,
Mit abgelegter Feuerkrone
Steht sie – als *Schönheit* vor uns da.
Der Anmut Gürtel umgewunden,

Wird sie zum Kind, daß Kinder sie verstehn:
Was wir als Schönheit hier empfunden,
Wird einst als *Wahrheit* uns entgegengehn.

Als der Erschaffende von seinem Angesichte
Den Menschen in die Sterblichkeit verwies
Und eine späte Wiederkehr zum Lichte
Auf schwerem Sinnenpfad ihn finden hieß,
Als alle Himmlischen ihr Antlitz von ihm wandten,
Schloß sie, die Menschliche, allein
Mit dem verlassenen Verbannten
Großmütig in die Sterblichkeit sich ein.
Hier schwebt sie, mit gesenktem Fluge,
Um ihren Liebling, nah am Sinnenland,
Und malt mit lieblichem Betruge
Elysium auf seine Kerkerwand.

Als in den weichen Armen dieser Amme
Die zarte Menschheit noch geruht,
Da schürte heilge Mordsucht keine Flamme,
Da rauchte kein unschuldig Blut.
Das Herz, das sie an sanften Banden lenket,
Verschmäht der Pflichten knechtisches Geleit;
Ihr Lichtpfad, schöner nur geschlungen, senket
Sich in die Sonnenbahn der Sittlichkeit.
Die ihrem keuschen Dienste leben,
Versucht kein niedrer Trieb, bleicht kein Geschick;
Wie unter heilige Gewalt gegeben
Empfangen sie das reine Geisterleben,
Der Freiheit süßes Recht, zurück.

Glückselige, die sie – aus Millionen
Die reinsten – ihrem Dienst geweiht,
In deren Brust sie würdigte zu thronen,
Durch deren Mund die Mächtige gebeut,

Die sie auf ewig flammenden Altären
Erkor, das heilge Feuer ihr zu nähren,
Vor deren Aug allein sie hüllenlos erscheint,
Die sie in sanftem Bund um sich vereint!
Freut euch der ehrenvollen Stufe,
Worauf die hohe Ordnung euch gestellt:
In die erhabne Geisterwelt
Wart ihr der Menschheit erste Stufe.

Eh ihr das Gleichmaß in die Welt gebracht,
Dem alle Wesen freudig dienen –
Ein unermeßner Bau, im schwarzen Flor der Nacht
Nächst um ihn her mit mattem Strahle nur beschienen,
Ein streitendes Gestaltenheer,
Die seinen Sinn in Sklavenbanden hielten
Und ungesellig, rauh wie er,
Mit tausend Kräften auf ihn zielten,
– So stand die Schöpfung vor dem Wilden.
Durch der Begierde blinde Fessel nur
An die Erscheinungen gebunden,
Entfloh ihm, ungenossen, unempfunden,
Die schöne Seele der Natur.

Und wie sie fliehend jetzt vorüber fuhr,
Ergriffet ihr die nachbarlichen Schatten
Mit zartem Sinn, mit stiller Hand,
Und lerntet in harmonschem Band
Gesellig sie zusammengatten.
Leichtschwebend fühlte sich der Blick
Vom schlanken Wuchs der Zeder aufgezogen;
Gefällig strahlte der Kristall der Wogen
Die hüpfende Gestalt zurück.
Wie konntet ihr des schönen Winks verfehlen,
Womit euch die Natur hilfreich entgegen kam?
Die Kunst, den Schatten ihr nachahmend abzustehlen,

Wies euch das Bild, das auf der Woge schwamm.
Von ihrem Wesen abgeschieden,
Ihr eignes liebliches Phantom,
Warf sie sich in den Silberstrom,
Sich ihrem Räuber anzubieten.
Die schöne Bildkraft ward in eurem Busen wach.
Zu edel schon, nicht müßig zu empfangen,
Schuft ihr im Sand – im Ton den holden Schatten nach,
Im Umriß ward sein Dasein aufgefangen.
Lebendig regte sich des Wirkens süße Lust –
Die erste Schöpfung trat aus eurer Brust.

Von der Betrachtung angehalten,
Von eurem Späheraug umstrickt,
Verrieten die vertraulichen Gestalten
Den Talisman, wodurch sie euch entzückt.
Die wunderwirkenden Gesetze,
Des Reizes ausgeforschte Schätze
Verknüpfte der erfindende Verstand
In leichtem Bund in Werken eurer Hand.
Der Obeliske stieg, die Pyramide,
Die Herme stand, die Säule sprang empor,
Des Waldes Melodie floß aus dem Haberrohr,
Und Siegestaten lebten in dem Liede.

Die Auswahl einer Blumenflur,
Mit weiser Wahl in einen Strauß gebunden,
So trat die erste Kunst aus der Natur;
Jetzt wurden *Sträuße* schon in einen *Kranz* gewunden,
Und eine zweite höhre Kunst erstand
Aus Schöpfungen der Menschenhand.
Das Kind der Schönheit, sich allein genug,
Vollendet schon aus eurer Hand gegangen,
Verliert die Krone, die es trug,
Sobald es Wirklichkeit empfangen.

Die Säule muß, dem Gleichmaß untertan,
An ihre Schwestern nachbarlich sich schließen,
Der Held im Heldenheer zerfließen,
Des Mäoniden Harfe stimmt voran.

Bald drängten sich die staunenden Barbaren
Zu diesen neuen Schöpfungen heran.
Seht, riefen die erfreuten Scharen,
Seht an, das hat der Mensch getan!
In lustigen, geselligeren Paaren
Riß sie des Sängers Leier nach,
Der von Titanen sang und Riesenschlachten,
Und Löwentötern, die, solang der Sänger sprach,
Aus seinen Hörern Helden machten.
Zum erstenmal genießt der *Geist*,
Erquickt von ruhigeren Freuden,
Die aus der Ferne nur ihn weiden,
Die seine Gier nicht in sein Wesen reißt,
Die im Genusse nicht verscheiden.

Jetzt wand sich von dem Sinnenschlafe
Die freie schöne Seele los,
Durch euch entfesselt, sprang der Sklave
Der Sorge in der Freude Schoß.
Jetzt fiel der Tierheit dumpfe Schranke,
Und Menschheit trat auf die entwölkte Stirn,
Und der erhabne Fremdling, der Gedanke
Sprang aus dem staunenden Gehirn.
Jetzt *stand* der Mensch, und wies den Sternen
Das königliche Angesicht,
Schon dankte in erhabnen Fernen
Sein sprechend Aug dem Sonnenlicht.
Das Lächeln blühte auf der Wange,
Der Stimme seelenvolles Spiel
Entfaltete sich zum Gesange,

Im feuchten Auge schwamm Gefühl,
Und Scherz mit Huld in anmutsvollem Bunde
Entquollen dem beseelten Munde.

Begraben in des Wurmes Triebe,
Umschlungen von des Sinnes Lust,
Erkanntet ihr in seiner Brust
Den edlen Keim der Geisterliebe.
Daß von des Sinnes niederm Triebe
Der Liebe beßrer Keim sich schied,
Dankt er dem ersten Hirtenlied.
Geadelt zur Gedankenwürde,
Floß die verschämtere Begierde
Melodisch aus des Sängers Mund.
Sanft glühten die betauten Wangen,
Das überlebende Verlangen
Verkündigte der Seelen Bund.

Der Weisen Weisestes, der Milden Milde,
Der Starken Kraft, der Edeln Grazie,
Vermähltet ihr in *einem* Bilde
Und stelltet es in eine Glorie.
Der Mensch erbebte vor dem Unbekannten,
Er liebte seinen Widerschein;
Und herrliche Heroen brannten,
Dem großen Wesen gleich zu sein.
Den ersten Klang vom Urbild alles Schönen,
Ihr ließet ihn in der Natur ertönen.

Der Leidenschaften wilden Drang
Des Glückes regellose Spiele,
Der Pflichten und Instinkte Zwang
Stellt ihr mit prüfendem Gefühle,
Mit strengem Richtscheit nach dem Ziele.
Was die Natur auf ihrem großen Gange

In weiten Fernen auseinanderzieht,
Wird auf dem Schauplatz, im Gesange
Der Ordnung leicht gefaßtes Glied.
Vom Eumenidenchor geschrecket,
Zieht sich der Mord, auch nie entdecket,
Das Los des Todes aus dem Lied.
Lang, eh die Weisen ihren Ausspruch wagen,
Löst eine Ilias des Schicksals Rätselfragen
Der jugendlichen Vorwelt auf;
Still wandelte von Thespis' Wagen
Die Vorsicht in den Weltenlauf.

Doch in den großen Weltenlauf
Ward euer Ebenmaß zu früh getragen.
Als des Geschickes dunkle Hand,
Was sie vor eurem Auge schnürte,
Vor eurem Aug nicht auseinanderband,
Das Leben in die Tiefe schwand,
Eh es den schönen Kreis vollführte –
Da führtet ihr aus kühner Eigenmacht
Den Bogen weiter durch der Zukunft Nacht;
Da stürztet ihr euch ohne Beben
In des Avernus schwarzen Ozean
Und trafet das entflohne Leben
Jenseits der Urne wieder an:
Da zeigte sich mit umgestürztem Lichte,
An Kastor angelehnt, ein blühend Polluxbild:
Der Schatten in des Mondes Angesichte,
Eh sich der schöne Silberkreis erfüllt.

Doch höher stets, zu immer höhern Höhen
Schwang sich der schaffende Genie.
Schon sieht man Schöpfungen aus Schöpfungen erstehen,
Aus Harmonien Harmonie.
Was hier allein das trunkne Aug entzückt,

Dient unterwürfig dort der höhern Schöne;
Der Reiz, der diese Nymphe schmückt,
Schmilzt sanft in eine göttliche Athene:
Die Kraft, die in des Ringers Muskel schwillt,
Muß in des Gottes Schönheit lieblich schweigen;
Das Staunen seiner Zeit, das stolze Jovisbild,
Im Tempel zu Olympia sich neigen.

Die Welt, verwandelt durch den Fleiß,
Das Menschenherz, bewegt von neuen Trieben,
Die sich in heißen Kämpfen üben,
Erweitern euren Schöpfungskreis.
Der fortgeschrittne Mensch trägt auf erhobnen Schwingen
Dankbar die Kunst mit sich empor,
Und neue Schönheitswelten springen
Aus der bereicherten Natur hervor.
Des Wissens Schranken gehen auf,
Der Geist, in euren leichten Siegen
Geübt, mit schnell gezeitigtem Vergnügen
Ein künstlich All von Reizen zu durcheilen,
Stellt der Natur entlegenere Säulen,
Ereilet sie auf ihrem dunkeln Lauf.
Jetzt wägt er sie mit menschlichen Gewichten,
Mißt sie mit *Maßen*, die sie ihm geliehn;
Verständlicher in seiner Schönheit Pflichten,
Muß sie an seinem Aug vorüberziehn.
In selbstgefällger jugendlicher Freude
Leiht er den Sphären seine Harmonie,
Und preiset er das Weltgebäude,
So prangt es durch die Symmetrie.

In allem, was ihn jetzt umlebet,
Spricht ihn das holde Gleichmaß an.
Der Schönheit goldner Gürtel webet
Sich mild in seine Lebensbahn;

Die selige Vollendung schwebet
In euren Werken siegend ihm voran.
Wohin die laute Freude eilet,
Wohin der stille Kummer flieht,
Wo die Betrachtung denkend weilet,
Wo er des Elends Tränen sieht,
Wo tausend Schrecken auf ihn zielen,
Folgt ihm ein Harmonienbach,
Sieht er die Huldgöttinnen spielen
Und ringt in still verfeinerten Gefühlen
Der lieblichen Begleitung nach.
Sanft, wie des Reizes Linien sich winden,
Wie die Erscheinungen um ihn
In weichem Umriß ineinander schwinden,
Flieht seines Lebens leichter Hauch dahin.
Sein Geist zerrinnt im Harmonienmeere,
Das seine Sinne wollustreich umfließt,
Und der hinschmelzende Gedanke schließt
Sich still an die allgegenwärtige Cythere.
Mit dem Geschick in hoher Einigkeit,
Gelassen hingestützt auf Grazien und Musen,
Empfängt er das Geschoß, das ihn bedräut,
Mit freundlich dargebotnem Busen
Vom sanften Bogen der Notwendigkeit.

Vertraute Lieblinge der selgen Harmonie,
Erfreuende Begleiter durch das Leben,
Das Edelste, das Teuerste, was sie,
Die Leben gab, zum Leben uns gegeben!
Daß der entjochte Mensch jetzt seine Pflichten denkt,
Die Fessel liebet, die ihn lenkt,
Kein Zufall mehr mit ehrnem Zepter ihm gebeut,
Dies dankt euch – eure Ewigkeit,
Und ein erhabner Lohn in eurem Herzen.
Daß um den Kelch, worin uns Freiheit rinnt,

Der Freude Götter lustig scherzen,
Der holde Traum sich lieblich spinnt,
Dafür seid liebevoll umfangen!

Dem prangenden, dem heitern Geist,
Der die Notwendigkeit mit Grazie umzogen,
Der seinen Äther, seinen Sternenbogen
Mit Anmut uns bedienen heißt,
Der, wo er schreckt, noch durch Erhabenheit entzücket,
Und zum Verheeren selbst sich schmücket,
Dem großen Künstler ahmt ihr nach.
Wie auf dem spiegelhellen Bach
Die bunten Ufer tanzend schweben,
Das Abendrot, das Blütenfeld,
So schimmert auf dem dürftgen Leben
Der Dichtung muntre Schattenwelt.
Ihr führet uns im Brautgewande
Die fürchterliche Unbekannte,
Die unerweichte Parze vor.
Wie eure Urnen die Gebeine,
Deckt ihr mit holdem Zauberscheine
Der Sorgen schauervollen Chor.
Jahrtausende hab ich durcheilet,
Der Vorwelt unabsehlich Reich:
Wie lacht die Menschheit, wo ihr weilet,
Wie traurig liegt sie hinter euch!

Die einst mit flüchtigem Gefieder
Voll Kraft aus euren Schöpferhänden stieg,
In eurem Arm fand sie sich wieder,
Als durch der Zeiten stillen Sieg
Des Lebens Blüte von der Wange,
Die Stärke von den Gliedern wich
Und traurig, mit entnervtem Gange,
Der Greis an seinem Stabe schlich.

Da reichtet ihr aus frischer Quelle
Dem Lechzenden die Lebenswelle.
Zweimal verjüngte sich die Zeit,
Zweimal von Samen, die ihr ausgestreut.

Vertrieben von Barbarenheeren,
Entrisset ihr den letzten Opferbrand
Des Orients entheiligten Altären
Und brachtet ihn dem Abendland.
Da stieg der schöne Flüchtling aus dem Osten,
Der junge Tag, im Westen neu empor,
Und auf Hesperiens Gefilden sproßten
Verjüngte Blüten Joniens hervor.
Die schönere Natur warf in die Seelen
Sanft spiegelnd einen schönen Widerschein,
Und prangend zog in die geschmückten Seelen
Des Lichtes große Göttin ein.
Da sah man Millionen Ketten fallen,
Und über Sklaven sprach jetzt Menschenrecht,
Wie Brüder friedlich miteinander wallen,
So mild erwuchs das jüngere Geschlecht.
Mit innrer hoher Freudenfülle
Genießt ihr das gegebne Glück
Und tretet in der Demut Hülle
Mit schweigendem Verdienst zurück.

Wenn auf des Denkens freigegebnen Bahnen
Der Forscher jetzt mit kühnem Glücke schweift
Und, trunken von siegrufenden Päanen,
Mit rascher Hand schon nach der Krone greift;
Wenn er mit niederm Söldnerslohne
Den edeln Führer zu entlassen glaubt,
Und neben dem geträumten Throne
Der Kunst den ersten Sklavenplatz erlaubt:
Verzeiht ihm – der Vollendung Krone

Schwebt glänzend über eurem Haupt.
Mit euch, des Frühlings erster Pflanze,
Begann die seelenbildende Natur,
Mit euch, dem freudgen Erntekranze,
Schließt die vollendende Natur.

Die von dem Ton, dem Stein bescheiden aufgestiegen,
Die schöpferische Kunst, umschließt mit stillen Siegen
Des Geistes unermeßnes Reich;
Was in des Wissens Land Entdecker nur ersiegen,
Entdecken sie, ersiegen sie für euch.
Der Schätze, die der Denker aufgehäufet,
Wird er in euren Armen erst sich freun,
Wenn seine Wissenschaft, der Schönheit zugereifet,
Zum Kunstwerk wird geadelt sein –
Wenn er auf einen Hügel mit euch steiget,
Und seinem Auge sich, in mildem Abendschein,
Das malerische Tal – auf einmal zeiget.

Je reicher ihr den schnellen Blick vergnüget,
Je höhre, schönre Ordnungen der Geist
In *einem* Zauberbund durchflieget,
In *einem* schwelgenden Genuß umkreist;
Je weiter sich Gedanken und Gefühle
Dem üppigeren Harmonienspiele,
Dem reichern Strom der Schönheit aufgetan –
Je schönre Glieder aus dem Weltenplan,
Die jetzt verstümmelt seine Schöpfung schänden,
Sieht er die hohen Formen dann vollenden,
Je schönre Rätsel treten aus der Nacht,
Je reicher wird die Welt, die er umschließet,
Je breiter strömt das Meer, mit dem er fließet,
Je schwächer wird des Schicksals blinde Macht,
Je höher streben seine Triebe,
Je kleiner wird er selbst, je größer seine Liebe.

So führt ihn, in verborgnem Lauf,
Durch immer reinre Formen, reinre Töne,
Durch immer höhre Höhn und immer schönre Schöne
Der Dichtung Blumenleiter still hinauf –
Zuletzt, am reifen Ziel der Zeiten,
Noch eine glückliche Begeisterung,
Des jüngsten Menschenalters Dichterschwung,
Und – in der *Wahrheit* Arme wird er gleiten.

Sie selbst, die sanfte Cypria,
Umleuchtet von der Feuerkrone
Steht dann vor ihrem mündgen Sohne
Entschleiert – als Urania;
So schneller nur von ihm erhaschet,
Je *schöner* er von ihr geflohn!
So süß, so selig überraschet
Stand einst Ulyssens edler Sohn,
Da seiner Jugend himmlischer Gefährte
Zu Jovis Tochter sich verklärte.

Der Menschheit Würde ist in eure Hand gegeben,
Bewahret sie!
Sie sinkt mit euch! Mit euch wird sie sich heben!
Der Dichtung heilige Magie
Dient einem weisen Weltenplane,
Still lenke sie zum Ozeane
Der großen Harmonie!

Von ihrer Zeit verstoßen, flüchte
Die ernste Wahrheit zum Gedichte
Und finde Schutz in der Kamönen Chor.
In ihres Glanzes höchster Fülle,
Furchtbarer in des Reizes Hülle,
Erstehe sie in dem Gesange
Und räche sich mit Siegesklange
An des Verfolgers feigem Ohr.

Der freisten Mutter freie Söhne,
Schwingt euch mit festem Angesicht
Zum Strahlensitz der höchsten Schöne,
Um andre Kronen buhlet nicht.
Die Schwester, die euch hier verschwunden,
Holt ihr im Schoß der Mutter ein;
Was schöne Seelen schön empfunden,
Muß trefflich und vollkommen sein.
Erhebet euch mit kühnem Flügel
Hoch über euren Zeitenlauf;
Fern dämmre schon in euerm Spiegel
Das kommende Jahrhundert auf.
Auf tausendfach verschlungnen Wegen
Der reichen Mannigfaltigkeit
Kommt dann umarmend euch entgegen
Am Thron der hohen Einigkeit.
Wie sich in sieben milden Strahlen
Der weiße Schimmer lieblich bricht,
Wie sieben Regenbogenstrahlen
Zerrinnen in das weiße Licht:
So spielt in tausendfacher Klarheit
Bezaubernd um den trunknen Blick,
So fließt in *einen* Bund der Wahrheit,
In *einen* Strom des Lichts zurück!

Poesie des Lebens

An ***

»Wer möchte sich an Schattenbildern weiden,
Die mit erborgtem Schein das Wesen überkleiden,
Mit trügrischem Besitz die Hoffnung hintergehn?
Entblößt muß ich die Wahrheit sehn.
Soll gleich mit meinem Wahn mein ganzer Himmel schwinden,
Soll gleich den freien Geist, den der erhabne Flug
Ins grenzenlose Reich der Möglichkeiten trug,
Die Gegenwart mit strengen Fesseln binden,
Er lernt sich selber überwinden,
Ihn wird das heilige Gebot
Der Pflicht, das furchtbare der Not
Nur desto unterwürfger finden.
Wer schon der Wahrheit milde Herrschaft scheut,
Wie trägt er die Notwendigkeit?« –

So rufst du aus und blickst, mein strenger Freund,
Aus der Erfahrung sicherm Porte
Verwerfend hin auf alles, was nur scheint.
Erschreckt von deinem ernsten Worte
Entflieht der Liebesgötter Schar,
Der Musen Spiel verstummt, es ruhn der Horen Tänze,
Still traurend nehmen ihre Kränze
Die Schwestergöttinnen vom schön gelockten Haar,
Apoll zerbricht die goldne Leier,
Und Hermes seinen Wunderstab,
Des Traumes rosenfarbner Schleier
Fällt von des Lebens bleichem Antlitz ab,
Die Welt scheint, was sie ist, ein Grab.
Von seinen Augen nimmt die zauberische Binde
Cytherens Sohn, die Liebe sieht,
Sie sieht in ihrem Götterkinde

Den Sterblichen, erschrickt und flieht,
Der Schönheit Jugendbild veraltet,
Auf deinen Lippen selbst erkaltet
Der Liebe Kuß, und in der Freude Schwung
Ergreift dich die Versteinerung.

Ewigklar und spiegelrein und eben
Fließt das zephirleichte Leben
Im Olymp den Seligen dahin.
Monde wechseln und Geschlechter fliehen,
Ihrer Götterjugend Rosen blühen
Wandellos im ewigen Ruin.
Zwischen Sinnenglück und Seelenfrieden
Bleibt dem Menschen nur die bange Wahl;
Auf der Stirn des hohen Uraniden
Leuchtet ihr vermählter Strahl.

Wollt ihr schon auf Erden Göttern gleichen,
Frei sein in des Todes Reichen,
Brechet nicht von seines Gartens Frucht.
An dem Scheine mag der Blick sich weiden,
Des Genusses wandelbare Freuden
Rächet schleunig der Begierde Flucht.
Selbst der Styx, der neunfach sie umwindet,
Wehrt die Rückkehr Ceres' Tochter nicht,
Nach dem Apfel greift sie, und es bindet
Ewig sie des Orkus Pflicht.

Nur der Körper eignet jenen Mächten,
Die das dunkle Schicksal flechten,
Aber frei von jeder Zeitgewalt,
Die Gespielin seliger Naturen
Wandelt oben in des Lichtes Fluren,
Göttlich unter Göttern, die *Gestalt*.
Wollt ihr hoch auf ihren Flügeln schweben,
Werft die Angst des Irdischen von euch.
Fliehet aus dem engen, dumpfen Leben
In des Ideales Reich!

Jugendlich, von allen Erdenmalen
Frei, in der Vollendung Strahlen
Schwebet hier der Menschheit Götterbild,
Wie des Lebens schweigende Phantome
Glänzend wandeln an dem stygschen Strome,
Wie sie stand im himmlischen Gefild,
Ehe noch zum traurgen Sarkophage
Die Unsterbliche herunterstieg.
Wenn im Leben noch des Kampfes Waage
Schwankt, erscheinet hier der Sieg.

Nicht vom Kampf die Glieder zu entstricken,
Den Erschöpften zu erquicken,
Wehet hier des Sieges duftger Kranz.
Mächtig, selbst wenn eure Sehnen ruhten,
Reißt das Leben euch in seine Fluten,
Euch die Zeit in ihren Wirbeltanz.
Aber sinkt des Mutes kühner Flügel
Bei der Schranken peinlichem Gefühl,
Dann erblicket von der Schönheit Hügel
Freudig das erflogne Ziel.

Wenn es gilt, zu herrschen und zu schirmen,
Kämpfer gegen Kämpfer stürmen
Auf des Glückes, auf des Ruhmes Bahn,
Da mag Kühnheit sich an Kraft zerschlagen,
Und mit krachendem Getös die Wagen
Sich vermengen auf bestäubtem Plan.
Mut allein kann hier den Dank erringen,
Der am Ziel des Hippodromes winkt,
Nur der Starke wird das Schicksal zwingen,
Wenn der Schwächling untersinkt.

Aber der, von Klippen eingeschlossen,
Wild und schäumend sich ergossen,

Sanft und eben rinnt des Lebens Fluß
Durch der Schönheit stille Schattenlande,
Und auf seiner Wellen Silberrande
Malt Aurora sich und Hesperus.
Aufgelöst in zarter Wechselliebe,
In der Anmut freiem Bund vereint,
Ruhen hier die ausgesöhnten Triebe,
Und verschwunden ist der Feind.

Wenn, das Tote bildend zu beseelen,
Mit dem Stoff sich zu vermählen,
Tatenvoll der Genius entbrennt,
Da, da spanne sich des Fleißes Nerve,
Und beharrlich ringend unterwerfe
Der Gedanke sich das Element.
Nur dem Ernst, den keine Mühe bleichet,
Rauscht der Wahrheit tief versteckter Born,
Nur des Meißels schwerem Schlag erweichet
Sich des Marmors sprödes Korn.

Aber dringt bis in der Schönheit Sphäre,
Und im Staube bleibt die Schwere
Mit dem Stoff, den sie beherrscht, zurück.
Nicht der Masse qualvoll abgerungen,
Schlank und leicht, wie aus dem Nichts gesprungen,
Steht das Bild vor dem entzückten Blick.
Alle Zweifel, alle Kämpfe schweigen
In des Sieges hoher Sicherheit,
Ausgestoßen hat es jeden Zeugen
Menschlicher Bedürftigkeit.

Wenn ihr in der Menschheit traurger Blöße
Steht vor des Gesetzes Größe,
Wenn dem Heiligen die Schuld sich naht,
Da erblasse vor der Wahrheit Strahle

Eure Tugend, vor dem Ideale
Fliehe mutlos die beschämte Tat.
Kein Erschaffner hat dies Ziel erflogen,
Über diesen grauenvollen Schlund
Trägt kein Nachen, keiner Brücke Bogen,
Und kein Anker findet Grund.

Aber flüchtet aus der Sinne Schranken
In die Freiheit der Gedanken,
Und die Furchterscheinung ist entflohn,
Und der ewge Abgrund wird sich füllen;
Nehmt die Gottheit auf in euren Willen,
Und sie steigt von ihrem Weltenthron.
Des Gesetzes strenge Fessel bindet
Nur den Sklavensinn, der es verschmäht,
Mit des Menschen Widerstand verschwindet
Auch des Gottes Majestät.

Wenn der Menschheit Leiden euch umfangen,
Wenn Laokoon der Schlangen
Sich erwehrt mit namenlosem Schmerz,
Da empöre sich der Mensch! Es schlage
An des Himmels Wölbung seine Klage
Und zerreiße euer fühlend Herz!
Der Natur furchtbare Stimme siege,
Und der Freude Wange werde bleich,
Und der heilgen Sympathie erliege
Das Unsterbliche in euch!

Aber in den heitern Regionen,
Wo die reinen Formen wohnen,
Rauscht des Jammers trüber Sturm nicht mehr.
Hier darf Schmerz die Seele nicht durchschneiden,
Keine Träne fließt hier mehr dem Leiden,
Nur des Geistes tapfrer Gegenwehr.

Lieblich, wie der Iris Farbenfeuer
Auf der Donnerwolke duftgem Tau,
Schimmert durch der Wehmut düstern Schleier
Hier der Ruhe heitres Blau.

Tief erniedrigt zu des Feigen Knechte,
Ging in ewigem Gefechte
Einst Alcid des Lebens schwere Bahn,
Rang mit Hydern und umarmt' den Leuen,
Stürzte sich, die Freunde zu befreien,
Lebend in des Totenschiffers Kahn.
Alle Plagen, alle Erdenlasten
Wälzt der unversöhnten Göttin List
Auf die willgen Schultern des Verhaßten,
Bis sein Lauf geendigt ist –

Bis der Gott, des Irdischen entkleidet,
Flammend sich vom Menschen scheidet
Und des Äthers leichte Lüfte trinkt.
Froh des neuen, ungewohnten Schwebens,
Fließt er aufwärts, und des Erdenlebens
Schweres Traumbild sinkt und sinkt und sinkt.
Des Olympus Harmonien empfangen
Den Verklärten in Kronions Saal,
Und die Göttin mit den Rosenwangen
Reicht ihm lächelnd den Pokal.

Die Götter Griechenlandes

(Erste Fassung)

Da ihr noch die schöne Welt regiertet,
An der Freude leichtem Gängelband
Glücklichere Menschenalter führtet,
Schöne Wesen aus dem Fabelland!
Ach! da euer Wonnedienst noch glänzte,
Wie ganz anders, anders war es da!
Da man deine Tempel noch bekränzte,
Venus Amathusia!

Da der Dichtkunst malerische Hülle
Sich noch lieblich um die Wahrheit wand! –
Durch die Schöpfung floß da Lebensfülle,
Und, was nie empfinden wird, empfand.
An der Liebe Busen sie zu drücken,
Gab man höhern Adel der Natur.
Alles wies den eingeweihten Blicken,
Alles eines Gottes Spur.

Wo jetzt nur, wie unsre Weisen sagen,
Seelenlos ein Feuerball sich dreht,
Lenkte damals seinen goldnen Wagen
Helios in stiller Majestät.
Diese Höhen füllten Oreaden,
Eine Dryas starb mit jenem Baum,
Aus den Urnen lieblicher Najaden
Sprang der Ströme Silberschaum.

Jener Lorbeer wand sich einst um Hilfe[1],
Tantals Tochter[2] schweigt in diesem Stein,
Syrinx' Klage tönt' aus jenem Schilfe,
Philomelens Schmerz in diesem Hain.

Jener Bach empfing Demeters Zähre,
Die sie um Persephonen geweint,
Und von diesem Hügel rief Cythere,
Ach, vergebens! ihrem schönen Freund.

Zu Deukalions Geschlechte stiegen
Damals noch die Himmlischen herab,
Pyrrhas schöne Töchter zu besiegen,
Nahm Hyperion den Hirtenstab.
Zwischen Menschen, Göttern und Heroen
Knüpfte Amor einen schönen Bund.
Sterbliche mit Göttern und Heroen
Huldigten in Amathunt.

Betend an der Grazien Altären
Kniete da die holde Priesterin,
Sandte stille Wünsche an Cytheren
Und Gelübde an die Charitin.
Hoher Stolz, auch droben zu gebieten,
Lehrte sie den göttergleichen Rang,
Und des Reizes heilgen Gürtel hüten,
Der den *Donnrer* selbst bezwang.

Himmlisch und unsterblich war das Feuer,
Das in Pindars stolzen Hymnen floß,
Niederströmte in Arions Leier,
In den Stein des Phidias sich goß.
Beßre Wesen, edlere Gestalten
Kündigten die hohe Abkunft an.
Götter, die vom Himmel niederwallten,
Sahen *hier* ihn wieder aufgetan.

Werter war von eines Gottes Güte,
Teurer jede Gabe der Natur.
Unter Iris' schönem Bogen blühte

Reizender die perlenvolle Flur.
Prangender erschien die Morgenröte
In Himerens rosigtem Gewand,
Schmelzender erklang die Flöte
In des Hirtengottes Hand.

Liebenswerter malte sich die Jugend,
Blühender in Ganymedas[3] Bild,
Heldenkühner, göttlicher die Tugend
Mit Tritoniens Medusenschild.
Sanfter war, da Hymen es noch knüpfte,
Heiliger der Herzen ewges Band.
Selbst des Lebens zarter Faden schlüpfte
Weicher durch der Parzen Hand.

Das Evoë muntrer Thyrsusschwinger
Und der Panther prächtiges Gespann
Meldeten den großen Freudebringer.
Faun und Satyr taumeln ihm voran,
Um ihn springen rasende Mänaden,
Ihre Tänze loben seinen Wein,
Und die Wangen des Bewirters laden
Lustig zu dem Becher ein.

Höher war der Gabe Wert gestiegen,
Die der Geber freundlich *mit* genoß,
Näher war der Schöpfer dem Vergnügen,
Das im Busen des Geschöpfes floß.
Nennt der meinige sich dem Verstande?
Birgt ihn etwa der Gewölke Zelt?
Mühsam späh ich im Ideenlande,
Fruchtlos in der Sinnenwelt.

Eure Tempel lachten gleich Palästen,
Euch verherrlichte das Heldenspiel

An des Isthmus kronenreichen Festen,
Und die Wagen donnerten zum Ziel.
Schön geschlungne seelenvolle Tänze
Kreisten um den prangenden Altar,
Eure Schläfe schmückten Siegeskränze,
Kronen euer duftend Haar.

Seiner Güter schenkte man das beste,
Seiner Lämmer liebstes gab der Hirt,
Und der Freudetaumel seiner Gäste
Lohnte dem erhabnen Wirt.
Wohin tret ich? Diese traurge Stille,
Kündigt sie mir meinen Schöpfer an?
Finster, wie er selbst, ist seine Hülle,
Mein Entsagen – was ihn feiern kann.

Damals trat kein gräßliches Gerippe
Vor das Bett des Sterbenden. Ein Kuß
Nahm das letzte Leben von der Lippe,
Still und traurig senkt' ein Genius
Seine Fackel. Schöne, lichte Bilder
Scherzten auch um die Notwendigkeit,
Und das ernste Schicksal blickte milder
Durch den Schleier sanfter Menschlichkeit.

Nach der Geister schrecklichen Gesetzen
Richtete kein heiliger Barbar,
Dessen Augen Tränen nie benetzen,
Zarte Wesen, die ein Weib gebar.
Selbst des Orkus strenge Richterwaage
Hielt der Enkel einer Sterblichen,
Und des Thrakers seelenvolle Klage
Rührte die Erinnyen.

Seine Freuden traf der frohe Schatten
In Elysiens Hainen wieder an;
Treue Liebe fand den treuen Gatten
Und der Wagenlenker seine Bahn;
Orpheus' Spiel tönt die gewohnten Lieder,
In Alcestens Arme sinkt Admet,
Seinen Freund erkennt Orestes wieder,
Seine Waffen Philoktet.

Aber ohne Wiederkehr verloren
Bleibt, was *ich* auf dieser Welt verließ,
Jede Wonne hab ich abgeschworen,
Alle Bande, die ich selig pries.
Fremde, nie verstandene Entzücken
Schaudern mich aus jenen Welten an,
Und für Freuden, die mich jetzt beglücken,
Tausch ich neue, die ich missen kann.

Höhre Preise stärkten da den Ringer
Auf der Tugend arbeitvoller Bahn:
Großer Taten herrliche Vollbringer
Klimmten zu den Seligen hinan;
Vor dem Wiederforderer der Toten[4]
Neigte sich der Götter stille Schar.
Durch die Fluten leuchtet dem Piloten
Vom Olymp das Zwillingspaar.

Schöne Welt, wo bist du? – Kehre wieder,
Holdes Blütenalter der Natur!
Ach! nur in dem Feenland der Lieder
Lebt noch deine goldne Spur.
Ausgestorben trauert das Gefilde,
Keine Gottheit zeigt sich meinem Blick,
Ach! von jenem lebenwarmen Bilde
Blieb nur das Gerippe mir zurück.

Alle jene Blüten sind gefallen
Von des Nordes winterlichem Wehn.
Einen zu bereichern, unter allen,
Mußte diese Götterwelt vergehn.
Traurig such ich an dem Sternenbogen,
Dich, Selene, find ich dort nicht mehr;
Durch die Wälder ruf ich, durch die Wogen,
Ach! sie widerhallen leer!

Unbewußt der Freuden, die sie schenket,
Nie entzückt von ihrer Trefflichkeit,
Nie gewahr des Armes, der sie lenket,
Reicher nie durch meine Dankbarkeit,
Fühllos selbst für ihres Künstlers Ehre,
Gleich dem toten Schlag der Pendeluhr,
Dient sie knechtisch dem Gesetz der Schwere,
Die entgötterte Natur!

Morgen wieder neu sich zu entbinden,
Wühlt sie heute sich ihr eignes Grab,
Und an ewig gleicher Spindel winden
Sich von selbst die Monde auf und ab.
Müßig kehrten zu dem Dichterlande
Heim die Götter, unnütz einer Welt,
Die, entwachsen ihrem Gängelbande,
Sich durch eignes Schweben hält.

Freundlos, ohne Bruder, ohne Gleichen,
Keiner Göttin, keiner Irdschen Sohn,
Herrscht ein andrer in des Äthers Reichen
Auf Saturnus' umgestürztem Thron.
Selig, eh sich Wesen um ihn freuten,
Selig im entvölkerten Gefild,
Sieht er in dem langen Strom der Zeiten
Ewig nur – sein eignes Bild.

Bürger des Olymps konnt ich erreichen,
Jenem Gotte, den sein Marmor preist,
Konnte einst der hohe Bildner gleichen;
Was ist neben *dir* der höchste Geist
Derer, welche Sterbliche gebaren?
Nur der Würmer Erster, Edelster.
Da die Götter menschlicher noch waren,
Waren Menschen göttlicher.

Dessen Strahlen mich darnieder schlagen,
Werk und Schöpfer des Verstandes! dir
Nachzuringen, gib mir Flügel, Waagen,
Dich zu wägen – oder nimm von mir,
Nimm die ernste, strenge Göttin wieder,
Die den Spiegel blendend vor mir hält;
Ihre sanftre Schwester sende nieder,
Spare jene für die andre Welt.

1 Daphne vom Apollo verfolgt.

2 Niobe

3 *Hebe.* Ihr älterer Name war *Ganymeda* sagt Pausanias Corinth. c. 13.

4 Hercules

Dithyrambe

Nimmer, das glaubt mir,
Erscheinen die Götter,
Nimmer allein.
Kaum daß ich Bacchus, den lustigen, habe,
Kommt auch schon Amor, der lächelnde Knabe,
Phöbus der Herrliche findet sich ein.
  Sie nahen, sie kommen
  Die Himmlischen alle,
  Mit Göttern erfüllt sich
  Die irdische Halle.

Sagt, wie bewirt ich,
Der Erdegeborne,
Himmlischen Chor?
Schenket mir euer unsterbliches Leben,
Götter! Was kann euch der Sterbliche geben?
Hebet zu eurem Olymp mich empor!
  Die Freude, sie wohnt nur
  In Jupiters Saale,
  O füllet mit Nektar,
  O reicht mir die Schale!

Reich ihm die Schale!
Schenke dem Dichter,
Hebe, nur ein.
Netz ihm die Augen mit himmlischem Taue,
Daß er den Styx, den verhaßten, nicht schaue,
Einer der Unsern sich dünke zu sein.
  Sie rauschet, sie perlet,
  Die himmlische Quelle,
  Der Busen wird ruhig,
  Das Auge wird helle.

Das verschleierte Bild zu Sais

Ein Jüngling, den des Wissens heißer Durst
Nach Sais in Ägypten trieb, der Priester
Geheime Weisheit zu erlernen, hatte
Schon manchen Grad mit schnellem Geist durcheilt,
Stets riß ihn seine Forschbegierde weiter,
Und kaum besänftigte der Hierophant
Den ungeduldig Strebenden. »Was hab ich,
Wenn ich nicht alles habe?« sprach der Jüngling.
»Gibts etwa hier ein Weniger und Mehr?
Ist deine Wahrheit wie der Sinne Glück
Nur eine Summe, die man größer, kleiner
Besitzen kann und immer doch besitzt?
Ist sie nicht eine einzge, ungeteilte?
Nimm einen Ton aus einer Harmonie,
Nimm eine Farbe aus dem Regenbogen,
Und alles, was dir bleibt, ist nichts, solang
Das schöne All der Töne fehlt und Farben.«

Indem sie einst so sprachen, standen sie
In einer einsamen Rotonde still,
Wo ein verschleiert Bild von Riesengröße
Dem Jüngling in die Augen fiel. Verwundert
Blickt er den Führer an und spricht: »Was ists,
Das hinter diesem Schleier sich verbirgt?«
»Die Wahrheit«, ist die Antwort. – »Wie?« ruft jener,
»Nach Wahrheit streb ich ja allein, und diese
Gerade ist es, die man mir verhüllt?«

»Das mache mit der Gottheit aus«, versetzt
Der Hierophant. »Kein Sterblicher, sagt sie,
Rückt diesen Schleier, bis ich selbst ihn hebe.

Und wer mit ungeweihter, schuldger Hand
Den heiligen, verbotnen früher hebt,
Der, spricht die Gottheit« – »Nun?« – »Der *sieht* die
Wahrheit.«
»Ein seltsamer Orakelspruch! Du selbst,
Du hättest also niemals ihn gehoben?«
»Ich? Wahrlich nicht! Und war auch nie dazu
Versucht.« – »Das fass ich nicht. Wenn von der Wahrheit
Nur diese dünne Scheidewand mich trennte –«
»Und ein Gesetz«, fällt ihm sein Führer ein.
»Gewichtiger, mein Sohn, als du es meinst,
Ist dieser dünne Flor – für deine Hand
Zwar leicht, doch zentnerschwer für dein Gewissen.«

Der Jüngling ging gedankenvoll nach Hause.
Ihm raubt des Wissens brennende Begier
Den Schlaf, er wälzt sich glühend auf dem Lager
Und rafft sich auf um Mitternacht. Zum Tempel
Führt unfreiwillig ihn der scheue Tritt.
Leicht ward es ihm, die Mauer zu ersteigen,
Und mitten in das Innre der Rotonde
Trägt ein beherzter Sprung den Wagenden.

Hier steht er nun, und grauenvoll umfängt
Den Einsamen die lebenlose Stille,
Die nur der Tritte hohler Widerhall
In den geheimen Grüften unterbricht.
Von oben durch der Kuppel Öffnung wirft
Der Mond den bleichen, silberblauen Schein,
Und furchtbar wie ein gegenwärtger Gott
Erglänzt durch des Gewölbes Finsternisse
In ihrem langen Schleier die Gestalt.

Er tritt hinan mit ungewissem Schritt,
Schon will die freche Hand das Heilige berühren,

Da zuckt es heiß und kühl durch sein Gebein
Und stößt ihn weg mit unsichtbarem Arme.
Unglücklicher, was willst du tun? So ruft
In seinem Innern eine treue Stimme.
Versuchen den Allheiligen willst du?
Kein Sterblicher, sprach des Orakels Mund,
Rückt diesen Schleier, bis ich selbst ihn hebe.
Doch setzte nicht derselbe Mund hinzu:
Wer diesen Schleier hebt, soll Wahrheit schauen?
»Sei hinter ihm, was will! Ich heb ihn auf.«
(Er rufts mit lauter Stimm.) »Ich will sie schauen.«
Schauen!
Gellt ihm ein langes Echo spottend nach.

Er sprichts und hat den Schleier aufgedeckt.
Nun, fragt ihr, und was zeigte sich ihm hier?
Ich weiß es nicht. Besinnungslos und bleich,
So fanden ihn am andern Tag die Priester
Am Fußgestell der Isis ausgestreckt.
Was er allda gesehen und erfahren,
Hat seine Zunge nie bekannt. Auf ewig
War seines Lebens Heiterkeit dahin,
Ihn riß ein tiefer Gram zum frühen Grabe.
»Weh dem«, dies war sein warnungsvolles Wort,
Wenn ungestüme Frager in ihn drangen,
»Weh dem, der zu der Wahrheit geht durch Schuld,
Sie wird ihm nimmermehr erfreulich sein.«

Die Macht des Gesanges

Ein Regenstrom aus Felsenrissen,
Er kommt mit Donners Ungestüm,
Bergtrümmer folgen seinen Güssen,
Und Eichen stürzen unter ihm;
Erstaunt, mit wollustvollem Grausen,
Hört ihn der Wanderer und lauscht,
Er hört die Flut vom Felsen brausen,
Doch weiß er nicht, woher sie rauscht:
So strömen des Gesanges Wellen
Hervor aus nie entdeckten Quellen.

Verbündet mit den furchtbarn Wesen,
Die still des Lebens Faden drehn,
Wer kann des Sängers Zauber lösen,
Wer seinen Tönen widerstehn?
Wie mit dem Stab des Götterboten
Beherrscht er das bewegte Herz,
Er taucht es in das Reich der Toten,
Er hebt es staunend himmelwärts
Und wiegt es zwischen Ernst und Spiele
Auf schwanker Leiter der Gefühle.

Wie wenn auf einmal in die Kreise
Der Freude, mit Gigantenschritt,
Geheimnisvoll nach Geisterweise
Ein ungeheures Schicksal tritt.
Da beugt sich jede Erdengröße
Dem Fremdling aus der andern Welt,
Des Jubels nichtiges Getöse
Verstummt, und jede Larve fällt,
Und vor der Wahrheit mächtgem Siege
Verschwindet jedes Werk der Lüge.

So rafft von jeder eiteln Bürde,
Wenn des Gesanges Ruf erschallt,
Der Mensch sich auf zur Geisterwürde
Und tritt in heilige Gewalt;
Den hohen Göttern ist er eigen,
Ihm darf nichts Irdisches sich nahn,
Und jede andre Macht muß schweigen,
Und kein Verhängnis fällt ihn an,
Es schwinden jedes Kummers Falten,
Solang des Liedes Zauber walten.

Und wie nach hoffnungslosem Sehnen,
Nach langer Trennung bitterm Schmerz,
Ein Kind mit heißen Reuetränen
Sich stürzt an seiner Mutter Herz,
So führt zu seiner Jugend Hütten,
Zu seiner Unschuld reinem Glück,
Vom fernen Ausland fremder Sitten
Den Flüchtling der Gesang zurück,
In der Natur getreuen Armen
Von kalten Regeln zu erwarmen.

Der Spaziergang

Sei mir gegrüßt, mein Berg mit dem rötlich strahlenden
Gipfel!
Sei mir, Sonne, gegrüßt, die ihn so lieblich bescheint!
Dich auch grüß ich, belebte Flur, euch, säuselnde Linden,
Und den fröhlichen Chor, der auf den Ästen sich wiegt,
Ruhige Bläue, dich auch, die unermeßlich sich ausgießt
Um das braune Gebirg, über den grünenden Wald,
Auch um mich, der endlich entflohn des Zimmers
Gefängnis
Und dem engen Gespräch freudig sich rettet zu dir.
Deiner Lüfte balsamischer Strom durchrinnt mich
erquickend,
Und den durstigen Blick labt das energische Licht.
Kräftig auf blühender Au erglänzen die wechselnden
Farben,
Aber der reizende Streit löset in Anmut sich auf.
Frei empfängt mich die Wiese mit weithin verbreitetem
Teppich,
Durch ihr freundliches Grün schlingt sich der ländliche
Pfad,
Um mich summt die geschäftige Bien, mit zweifelndem
Flügel
Wiegt der Schmetterling sich über dem rötlichen Klee.
Glühend trifft mich der Sonne Pfeil, still liegen die Weste,
Nur der Lerche Gesang wirbelt in heiterer Luft.
Doch jetzt brausts aus dem nahen Gebüsch, tief neigen
der Erlen
Kronen sich, und im Wind wogt das versilberte Gras.
Mich umfängt ambrosische Nacht; in duftende Kühlung
Nimmt ein prächtiges Dach schattender Buchen mich
ein,

In des Waldes Geheimnis entflieht mir auf einmal die
Landschaft,
Und ein schlängelnder Pfad leitet mich steigend empor.
Nur verstohlen durchdringt der Zweige laubigtes Gitter
Sparsames Licht, und es blickt lachend das Blaue herein.
Aber plötzlich zerreißt der Flor. Der geöffnete Wald gibt
Überraschend des Tags blendendem Glanz mich zurück.
Unabsehbar ergießt sich vor meinen Blicken die Ferne,
Und ein blaues Gebirg endigt im Dufte die Welt.
Tief an des Berges Fuß, der gählings unter mir abstürzt,
Wallet des grünlichten Stroms fließender Spiegel
vorbei.
Endlos unter mir seh ich den Äther, über mir endlos,
Blicke mit Schwindeln hinauf, blicke mit Schaudern
hinab.
Aber zwischen der ewigen Höh und der ewigen Tiefe
Trägt ein geländerter Steig sicher den Wandrer dahin.
Lachend fliehen an mir die reichen Ufer vorüber,
Und den fröhlichen Fleiß rühmet das prangende Tal.
Jene Linien, sieh! die des Landmanns Eigentum scheiden,
In den Teppich der Flur hat sie Demeter gewirkt.
Freundliche Schrift des Gesetzes, des menschenerhalten-
den Gottes,
Seit aus der ehernen Welt fliehend die Liebe verschwand,
Aber in freieren Schlangen durchkreuzt die geregelten
Felder,
Jetzt verschlungen vom Wald, jetzt an den Bergen hinauf
Klimmend, ein schimmernder Streif, die Länder
verknüpfende Straße;
Auf dem ebenen Strom gleiten die Flöße dahin.
Vielfach ertönt der Herden Geläut im belebten Gefilde,
Und den Widerhall weckt einsam des Hirten Gesang.
Muntre Dörfer bekränzen den Strom, in Gebüschen
verschwinden
Andre, vom Rücken des Bergs stürzen sie gäh dort herab.

Nachbarlich wohnet der Mensch noch mit dem Acker zusammen,
Seine Felder umruhn friedlich sein ländliches Dach,
Traulich rankt sich die Reb empor an dem niedrigen Fenster,
Einen umarmenden Zweig schlingt um die Hütte der Baum.
Glückliches Volk der Gefilde! noch nicht zur Freiheit erwachet,
Teilst du mit deiner Flur fröhlich das enge Gesetz.
Deine Wünsche beschränkt der Ernten ruhiger Kreislauf,
Wie dein Tagewerk, gleich, windet dein Leben sich ab!
Aber wer raubt mir auf einmal den lieblichen Anblick? Ein fremder
Geist verbreitet sich schnell über die fremdere Flur!
Spröde sondert sich ab, was kaum noch liebend sich mischte,
Und das Gleiche nur ists, was an das Gleiche sich reiht.
Stände seh ich gebildet, der Pappeln stolze Geschlechter
Ziehn in geordnetem Pomp vornehm und prächtig daher.
Regel wird alles, und alles wird Wahl und alles Bedeutung,
Dieses Dienergefolg meldet den Herrscher mir an.
Prangend verkündigen ihn von fern die beleuchteten Kuppeln,
Aus dem felsigten Kern hebt sich die türmende *Stadt*.
In die Wildnis hinaus sind des Waldes Faunen verstoßen,
Aber die Andacht leiht höheres Leben dem Stein.
Näher gerückt ist der Mensch an den Menschen. Enger wird um ihn,
Reger erwacht, es umwälzt rascher sich in ihm die Welt.
Sieh, da entbrennen in feurigem Kampf die eifernden Kräfte,
Großes wirket ihr Streit, Größeres wirket ihr Bund.
Tausend Hände belebt *ein* Geist, hoch schläget in tausend
Brüsten, von *einem* Gefühl glühend, ein einziges Herz,

Schlägt für das Vaterland und glüht für der Ahnen Gesetze,
Hier auf dem teuren Grund ruht ihr verehrtes Gebein.
Nieder steigen vom Himmel die seligen Götter und nehmen
In dem geweihten Bezirk festliche Wohnungen ein,
Herrliche Gaben bescherend erscheinen sie; Ceres vor allen
Bringet des Pfluges Geschenk, Hermes den Anker herbei,
Bacchus die Traube, Minerva des Ölbaums grünende Reiser,
Auch das kriegrische Roß führet Poseidon heran,
Mutter Cybele spannt an des Wagens Deichsel die Löwen,
In das gastliche Tor zieht sie als Bürgerin ein.
Heilige Steine! Aus euch ergossen sich Pflanzer der Menschheit,
Fernen Inseln des Meers sandtet ihr Sitten und Kunst,
Weise sprachen das Recht an diesen geselligen Toren,
Helden stürzten zum Kampf für die Penaten heraus.
Auf den Mauren erschienen, den Säugling im Arme, die Mütter,
Blickten dem Heerzug nach, bis ihn die Ferne verschlang.
Betend stürzten sie dann vor der Götter Altären sich nieder,
Flehten um Ruhm und Sieg, flehten um Rückkehr für euch.
Ehre ward euch und Sieg, doch der Ruhm nur kehrte zurücke,
Eurer Taten Verdienst meldet der rührende Stein:
»Wanderer, kommst du nach Sparta, verkündige dorten, du habest
Uns hier liegen gesehn, wie das Gesetz es befahl.«
Ruhet sanft, ihr Geliebten! Von eurem Blute begossen,
Grünet der Ölbaum, es keimt lustig die köstliche Saat.
Munter entbrennt, des Eigentums froh, das freie Gewerbe,
Aus dem Schilfe des Stroms winket der bläulichte Gott.
Zischend fliegt in den Baum die Axt, es erseufzt die Dryade,
Hoch von des Berges Haupt stürzt sich die donnernde Last.

Aus dem Felsbruch wiegt sich der Stein, vom Hebel beflügelt,
In der Gebirge Schlucht taucht sich der Bergmann hinab.
Mulcibers Amboß tönt von dem Takt geschwungener Hämmer,
Unter der nervigten Faust spritzen die Funken des Stahls.
Glänzend umwindet der goldene Lein die tanzende Spindel,
Durch die Saiten des Garns sauset das webende Schiff.
Fern auf der Reede ruft der Pilot, es warten die Flotten,
Die in der Fremdlinge Land tragen den heimischen Fleiß,
Andre ziehn frohlockend dort ein, mit den Gaben der Ferne,
Hoch von dem ragenden Mast wehet der festliche Kranz.
Siehe, da wimmeln die Märkte, der Kran von fröhlichem Leben,
Seltsamer Sprachen Gewirr braust in das wundernde Ohr.
Auf den Stapel schüttet die Ernten der Erde der Kaufmann,
Was dem glühenden Strahl Afrikas Boden gebiert,
Was Arabien kocht, was die äußerste Thule bereitet,
Hoch mit erfreuendem Gut füllt Amalthea das Horn.
Da gebieret das Glück dem Talente die göttlichen Kinder,
Von der Freiheit gesäugt, wachsen die Künste der Lust.
Mit nachahmendem Leben erfreuet der Bildner die Augen,
Und vom Meißel beseelt, redet der fühlende Stein,
Künstliche Himmel ruhn auf schlanken jonischen Säulen,
Und den ganzen Olymp schließet ein Pantheon ein.

Leicht wie der Iris Sprung durch die Luft, wie der Pfeil
von der Senne,
Hüpfet der Brücke Joch über den brausenden Strom.
Aber im stillen Gemach entwirft bedeutende Zirkel
Sinnend der Weise, beschleicht forschend den
schaffenden Geist,
Prüft der Stoffe Gewalt, der Magnete Hassen und Lieben,
Folgt durch die Lüfte dem Klang, folgt durch den
Äther dem Strahl,
Sucht das vertraute Gesetz in des Zufalls grausenden
Wundern,
Sucht den ruhenden Pol in der Erscheinungen Flucht.
Körper und Stimme leiht die Schrift dem stummen
Gedanken,
Durch der Jahrhunderte Strom trägt ihn das redende
Blatt.
Da zerrinnt vor dem wundernden Blick der Nebel des
Wahnes,
Und die Gebilde der Nacht weichen dem tagenden
Licht.
Seine Fesseln zerbricht der Mensch. Der Beglückte!
Zerriss' er
Mit den Fesseln der Furcht nur nicht den Zügel der
Scham!
Freiheit ruft die Vernunft, Freiheit die wilde Begierde,
Von der heilgen Natur ringen sie lüstern sich los.
Ach, da reißen im Sturm die Anker, die an dem Ufer
Warnend ihn hielten, ihn faßt mächtig der flutende
Strom,
Ins Unendliche reißt er ihn hin, die Küste verschwindet,
Hoch auf der Fluten Gebirg wiegt sich entmastet der
Kahn,
Hinter Wolken erlöschen des Wagens beharrliche Sterne,
Bleibend ist nichts mehr, es irrt selbst in dem Busen
der Gott.

Aus dem Gespräche verschwindet die Wahrheit, Glauben
und Treue
Aus dem Leben, es lügt selbst auf der Lippe der Schwur.
In der Herzen vertraulichsten Bund, in der Liebe Geheimnis
Drängt sich der Sykophant, reißt von dem Freunde den
Freund,
Auf die Unschuld schielt der Verrat mit verschlingendem
Blicke,
Mit vergiftendem Biß tötet des Lästerers Zahn.
Feil ist in der geschändeten Brust der Gedanke, die Liebe
Wirft des freien Gefühls göttlichen Adel hinweg.
Deiner heiligen Zeichen, o Wahrheit, hat der Betrug sich
Angemaßt, der Natur köstlichste Stimmen entweiht,
Die das bedürftige Herz in der Freude Drang sich erfindet,
Kaum gibt wahres Gefühl noch durch Verstummen sich
kund.
Auf der Tribüne prahlet das Recht, in der Hütte die
Eintracht,
Des Gesetzes Gespenst steht an der Könige Thron.
Jahrelang mag, jahrhundertelang die Mumie dauern,
Mag das trügende Bild lebender Fülle bestehn,
Bis die Natur erwacht, und mit schweren ehernen Händen
An das hohle Gebäu rühret die Not und die Zeit,
Einer Tigerin gleich, die das eiserne Gitter durchbrochen
Und des numidischen Walds plötzlich und schrecklich
gedenkt,
Aufsteht mit des Verbrechens Wut und des Elends die
Menschheit
Und in der Asche der Stadt sucht die verlorne Natur.
O, so öffnet euch, Mauren, und gebt den Gefangenen ledig,
Zu der verlassenen Flur kehr er gerettet zurück!
Aber wo bin ich? Es birgt sich der Pfad. Abschüssige
Gründe
Hemmen mit gähnender Kluft hinter mir, vor mir den
Schritt.

Hinter mir blieb der Gärten, der Hecken vertraute Begleitung,
Hinter mir jegliche Spur menschlicher Hände zurück.
Nur die Stoffe seh ich getürmt, aus welchen das Leben
Keimet, der rohe Basalt hofft auf die bildende Hand.
Brausend stürzt der Gießbach herab durch die Rinne des Felsen,
Unter den Wurzeln des Baums bricht er entrüstet sich Bahn.
Wild ist es hier und schauerlich öd. Im einsamen Luftraum
Hängt nur der Adler und knüpft an das Gewölke die Welt.
Hoch herauf bis zu mir trägt keines Windes Gefieder
Den verlorenen Schall menschlicher Mühen und Lust.
Bin ich wirklich allein? In deinen Armen, an deinem
Herzen wieder, Natur, ach! und es war nur ein Traum,
Der mich schaudernd ergriff mit des Lebens furchtbarem Bilde,
Mit dem stürzenden Tal stürzte der finstre hinab.
Reiner nehm ich mein Leben von deinem reinen Altare,
Nehme den fröhlichen Mut hoffender Jugend zurück!
Ewig wechselt der Wille den Zweck und die Regel, in ewig
Wiederholter Gestalt wälzen die Taten sich um.
Aber jugendlich immer, in immer veränderter Schöne
Ehrst du, fromme Natur, züchtig das alte Gesetz,
Immer dieselbe, bewahrst du in treuen Händen dem Manne,
Was dir das gaukelnde Kind, was dir der Jüngling vertraut,
Nährest an gleicher Brust die vielfach wechselnden Alter;
Unter demselben Blau, über dem nämlichen Grün
Wandeln die nahen und wandeln vereint die fernen Geschlechter,
Und die Sonne Homers, siehe! sie lächelt auch uns.

Das Lied von der Glocke

Vivos voco
Mortuos plango
Fulgura frango

Fest gemauert in der Erden
Steht die Form, aus Lehm gebrannt.
Heute muß die Glocke werden,
Frisch, Gesellen, seid zur Hand.
  Von der Stirne heiß
  Rinnen muß der Schweiß,
Soll das Werk den Meister loben,
Doch der Segen kommt von oben.

Zum Werke, das wir ernst bereiten,
Geziemt sich wohl ein ernstes Wort;
Wenn gute Reden sie begleiten,
Dann fließt die Arbeit munter fort.
So laßt uns jetzt mit Fleiß betrachten,
Was durch die schwache Kraft entspringt,
Den schlechten Mann muß man verachten,
Der nie bedacht, was er vollbringt.
Das ists ja, was den Menschen zieret,
Und dazu ward ihm der Verstand,
Daß er im innern Herzen spüret,
Was er erschafft mit seiner Hand.

Nehmet Holz vom Fichtenstamme,
Doch recht trocken laßt es sein,
Daß die eingepreßte Flamme
Schlage zu dem Schwalch hinein.
  Kocht des Kupfers Brei,
  Schnell das Zinn herbei,
Daß die zähe Glockenspeise
Fließe nach der rechten Weise.

Was in des Dammes tiefer Grube
Die Hand mit Feuers Hülfe baut,
Hoch auf des Turmes Glockenstube,
Da wird es von uns zeugen laut.
Noch dauern wirds in späten Tagen
Und rühren vieler Menschen Ohr
Und wird mit dem Betrübten klagen
Und stimmen zu der Andacht Chor.
Was unten tief dem Erdensohne
Das wechselnde Verhängnis bringt,
Das schlägt an die metallne Krone,
Die es erbaulich weiterklingt.

Weiße Blasen seh ich springen,
Wohl! die Massen sind im Fluß.
Laßts mit Aschensalz durchdringen,
Das befördert schnell den Guß.
Auch von Schaume rein
Muß die Mischung sein,
Daß vom reinlichen Metalle
Rein und voll die Stimme schalle.

Denn mit der Freude Feierklange
Begrüßt sie das geliebte Kind
Auf seines Lebens erstem Gange,
Den es in Schlafes Arm beginnt;
Ihm ruhen noch im Zeitenschoße
Die schwarzen und die heitern Lose,
Der Mutterliebe zarte Sorgen
Bewachen seinen goldnen Morgen. –
Die Jahre fliehen pfeilgeschwind.
Vom Mädchen reißt sich stolz der Knabe,
Er stürmt ins Leben wild hinaus,
Durchmißt die Welt am Wanderstabe.
Fremd kehrt er heim ins Vaterhaus,

Und herrlich, in der Jugend Prangen,
Wie ein Gebild aus Himmelshöhn,
Mit züchtigen, verschämten Wangen
Sieht er die Jungfrau vor sich stehn.
Da faßt ein namenloses Sehnen
Des Jünglings Herz, er irrt allein,
Aus seinen Augen brechen Tränen,
Er flieht der Brüder wilden Reihn.
Errötend folgt er ihren Spuren
Und ist von ihrem Gruß beglückt,
Das Schönste sucht er auf den Fluren,
Womit er seine Liebe schmückt.
O! zarte Sehnsucht, süßes Hoffen,
Der ersten Liebe goldne Zeit,
Das Auge sieht den Himmel offen,
Es schwelgt das Herz in Seligkeit.
O! daß sie ewig grünen bliebe,
Die schöne Zeit der jungen Liebe!

Wie sich schon die Pfeifen bräunen!
Dieses Stäbchen tauch ich ein,
Sehn wirs überglast erscheinen,
Wirds zum Gusse zeitig sein.
Jetzt, Gesellen, frisch!
Prüft mir das Gemisch,
Ob das Spröde mit dem Weichen
Sich vereint zum guten Zeichen.

Denn wo das Strenge mit dem Zarten,
Wo Starkes sich und Mildes paarten,
Da gibt es einen guten Klang.
Drum prüfe, wer sich ewig bindet,
Ob sich das Herz zum Herzen findet!
Der Wahn ist kurz, die Reu ist lang.
Lieblich in der Bräute Locken

Spielt der jungfräuliche Kranz,
Wenn die hellen Kirchenglocken
Laden zu des Festes Glanz.
Ach! des Lebens schönste Feier
Endigt auch den Lebensmai,
Mit dem Gürtel, mit dem Schleier
Reißt der schöne Wahn entzwei.
Die Leidenschaft flieht!
Die Liebe muß bleiben,
Die Blume verblüht,
Die Frucht muß treiben.
Der Mann muß hinaus
Ins feindliche Leben,
Muß wirken und streben
Und pflanzen und schaffen,
Erlisten, erraffen,
Muß wetten und wagen,
Das Glück zu erjagen.
Da strömet herbei die unendliche Gabe,
Es füllt sich der Speicher mit köstlicher Habe,
Die Räume wachsen, es dehnt sich das Haus.
Und drinnen waltet
Die züchtige Hausfrau,
Die Mutter der Kinder,
Und herrschet weise
Im häuslichen Kreise,
Und lehret die Mädchen
Und wehret den Knaben,
Und reget ohn Ende
Die fleißigen Hände,
Und mehrt den Gewinn
Mit ordnendem Sinn.
Und füllet mit Schätzen die duftenden Laden,
Und dreht um die schnurrende Spindel den Faden,
Und sammelt im reinlich geglätteten Schrein

Die schimmernde Wolle, den schneeigten Lein,
Und füget zum Guten den Glanz und den Schimmer,
Und ruhet nimmer.

Und der Vater mit frohem Blick
Von des Hauses weitschauendem Giebel
Überzählet sein blühend Glück,
Siehet der Pfosten ragende Bäume
Und der Scheunen gefüllte Räume
Und die Speicher, vom Segen gebogen,
Und des Kornes bewegte Wogen,
Rühmt sich mit stolzem Mund:
Fest, wie der Erde Grund,
Gegen des Unglücks Macht
Steht mir des Hauses Pracht!
Doch mit des Geschickes Mächten
Ist kein ewger Bund zu flechten,
Und das Unglück schreitet schnell.

Wohl! Nun kann der Guß beginnen,
Schön gezacket ist der Bruch.
Doch, bevor wirs lassen rinnen,
Betet einen frommen Spruch!
Stoßt den Zapfen aus!
Gott bewahr das Haus.
Rauchend in des Henkels Bogen
Schießts mit feuerbraunen Wogen.

Wohltätig ist des Feuers Macht,
Wenn sie der Mensch bezähmt, bewacht,
Und was er bildet, was er schafft,
Das dankt er dieser Himmelskraft;
Doch furchtbar wird die Himmelskraft,
Wenn sie der Fessel sich entrafft,
Einhertritt auf der eignen Spur

Die freie Tochter der Natur.
Wehe, wenn sie losgelassen
Wachsend ohne Widerstand
Durch die volkbelebten Gassen
Wälzt den ungeheuren Brand!
Denn die Elemente hassen
Das Gebild der Menschenhand.
Aus der Wolke
Quillt der Segen,
Strömt der Regen,
Aus der Wolke, ohne Wahl,
Zuckt der Strahl!
Hört ihrs wimmern hoch vom Turm?
Das ist Sturm!
Rot wie Blut
Ist der Himmel,
Das ist nicht des Tages Glut!
Welch Getümmel
Straßen auf!
Dampf wallt auf!
Flackernd steigt die Feuersäule,
Durch der Straße lange Zeile
Wächst es fort mit Windeseile,
Kochend wie aus Ofens Rachen
Glühn die Lüfte, Balken krachen,
Pfosten stürzen, Fenster klirren,
Kinder jammern, Mütter irren,
Tiere wimmern
Unter Trümmern,
Alles rennet, rettet, flüchtet,
Taghell ist die Nacht gelichtet,
Durch der Hände lange Kette
Um die Wette
Fliegt der Eimer, hoch im Bogen
Sprützen Quellen, Wasserwogen.

Heulend kommt der Sturm geflogen,
Der die Flamme brausend sucht.
Prasselnd in die dürre Frucht
Fällt sie, in des Speichers Räume,
In der Sparren dürre Bäume,
Und als wollte sie im Wehen
Mit sich fort der Erde Wucht
Reißen, in gewaltger Flucht,
Wächst sie in des Himmels Höhen
Rießengroß!
Hoffnungslos
Weicht der Mensch der Götterstärke,
Müßig sieht er seine Werke
Und bewundernd untergehen.

Leergebrannt
Ist die Stätte,
Wilder Stürme rauhes Bette,
In den öden Fensterhöhlen
Wohnt das Grauen,
Und des Himmels Wolken schauen
Hoch hinein.

Einen Blick
Nach dem Grabe
Seiner Habe
Sendet noch der Mensch zurück –
Greift fröhlich dann zum Wanderstabe,
Was Feuers Wut ihm auch geraubt,
Ein süßer Trost ist ihm geblieben,
Er zählt die Häupter seiner Lieben,
Und sieh! ihm fehlt kein teures Haupt.

In die Erd ists aufgenommen,
Glücklich ist die Form gefüllt,

Wirds auch schön zutage kommen,
Daß es Fleiß und Kunst vergilt?
Wenn der Guß mißlang?
Wenn die Form zersprang?
Ach! vielleicht, indem wir hoffen,
Hat uns Unheil schon getroffen.

Dem dunkeln Schoß der heilgen Erde
Vertrauen wir der Hände Tat,
Vertraut der Sämann seine Saat
Und hofft, daß sie entkeimen werde
Zum Segen, nach des Himmels Rat.
Noch köstlicheren Samen bergen
Wir traurend in der Erde Schoß
Und hoffen, daß er aus den Särgen
Erblühen soll zu schönerm Los.

Von dem Dome,
Schwer und bang,
Tönt die Glocke
Grabgesang.
Ernst begleiten ihre Trauerschläge
Einen Wandrer auf dem letzten Wege.

Ach! die Gattin ists, die teure,
Ach! es ist die treue Mutter,
Die der schwarze Fürst der Schatten
Wegführt aus dem Arm des Gatten,
Aus der zarten Kinder Schar,
Die sie blühend ihm gebar,
Die sie an der treuen Brust
Wachsen sah mit Mutterlust –
Ach! des Hauses zarte Bande
Sind gelöst auf immerdar,
Denn sie wohnt im Schattenlande,

Die des Hauses Mutter war,
Denn es fehlt ihr treues Walten,
Ihre Sorge wacht nicht mehr,
An verwaister Stätte schalten
Wird die Fremde, liebeleer.

Bis die Glocke sich verkühlet,
Laßt die strenge Arbeit ruhn,
Wie im Laub der Vogel spielet,
Mag sich jeder gütlich tun.
Winkt der Sterne Licht,
Ledig aller Pflicht
Hört der Pursch die Vesper schlagen,
Meister muß sich immer plagen.

Munter fördert seine Schritte
Fern im wilden Forst der Wandrer
Nach der lieben Heimathütte.
Blökend ziehen
Heim die Schafe,
Und der Rinder
Breitgestirnte, glatte Scharen
Kommen brüllend,
Die gewohnten Ställe füllend.
Schwer herein
Schwankt der Wagen,
Kornbeladen,
Bunt von Farben
Auf den Garben
Liegt der Kranz,
Und das junge Volk der Schnitter
Fliegt zum Tanz.
Markt und Straße werden stiller,
Um des Lichts gesellge Flamme
Sammeln sich die Hausbewohner,
Und das Stadttor schließt sich knarrend.

Schwarz bedecket
Sich die Erde,
Doch den sichern Bürger schrecket
Nicht die Nacht,
Die den Bösen gräßlich wecket,
Denn das Auge des Gesetzes wacht.

Heilge Ordnung, segenreiche
Himmelstochter, die das Gleiche
Frei und leicht und freudig bindet,
Die der Städte Bau gegründet,
Die herein von den Gefilden
Rief den ungesellgen Wilden,
Eintrat in der Menschen Hütten,
Sie gewöhnt zu sanften Sitten
Und das teuerste der Bande
Wob, den Trieb zum Vaterlande!

Tausend fleißge Hände regen,
Helfen sich in munterm Bund,
Und in feurigem Bewegen
Werden alle Kräfte kund.
Meister rührt sich und Geselle
In der Freiheit heilgem Schutz.
Jeder freut sich seiner Stelle,
Bietet dem Verächter Trutz.
Arbeit ist des Bürgers Zierde,
Segen ist der Mühe Preis,
Ehrt den König seine Würde,
Ehret uns der Hände Fleiß.
Holder Friede,
Süße Eintracht,
Weilet, weilet
Freundlich über dieser Stadt!
Möge nie der Tag erscheinen,
Wo des rauhen Krieges Horden

Dieses stille Tal durchtoben,
Wo der Himmel,
Den des Abends sanfte Röte
Lieblich malt,
Von der Dörfer, von der Städte
Wildem Brande schrecklich strahlt!

Nun zerbrecht mir das Gebäude,
Seine Absicht hats erfüllt,
Daß sich Herz und Auge weide
An dem wohlgelungnen Bild.
Schwingt den Hammer, schwingt,
Bis der Mantel springt,
Wenn die Glock soll auferstehen,
Muß die Form in Stücken gehen.

Der Meister kann die Form zerbrechen
Mit weiser Hand, zur rechten Zeit,
Doch wehe, wenn in Flammenbächen
Das glühnde Erz sich selbst befreit!
Blindwütend mit des Donners Krachen
Zersprengt es das geborstne Haus,
Und wie aus offnem Höllenrachen
Speit es Verderben zündend aus;
Wo rohe Kräfte sinnlos walten,
Da kann sich kein Gebild gestalten,
Wenn sich die Völker selbst befrein,
Da kann die Wohlfahrt nicht gedeihn.

Weh, wenn sich in dem Schoß der Städte
Der Feuerzunder still gehäuft,
Das Volk, zerreißend seine Kette,
Zur Eigenhilfe schrecklich greift!
Da zerret an der Glocke Strängen
Der Aufruhr, daß sie heulend schallt

Und, nur geweiht zu Friedensklängen,
Die Losung anstimmt zur Gewalt.

Freiheit und Gleichheit! hört man schallen,
Der ruhge Bürger greift zur Wehr,
Die Straßen füllen sich, die Hallen,
Und Würgerbanden ziehn umher,
Da werden Weiber zu Hyänen
Und treiben mit Entsetzen Scherz,
Noch zuckend, mit des Panthers Zähnen,
Zerreißen sie des Feindes Herz.
Nichts Heiliges ist mehr, es lösen
Sich alle Bande frommer Scheu,
Der Gute räumt den Platz dem Bösen,
Und alle Laster walten frei.
Gefährlich ists, den Leu zu wecken,
Verderblich ist des Tigers Zahn,
Jedoch der schrecklichste der Schrecken,
Das ist der Mensch in seinem Wahn.
Weh denen, die dem Ewigblinden
Des Lichtes Himmelsfackel leihn!
Sie strahlt ihm nicht, sie kann nur zünden
Und äschert Städt und Länder ein.

Freude hat mir Gott gegeben!
Sehet! wie ein goldner Stern
Aus der Hülse, blank und eben,
Schält sich der metallne Kern.
Von dem Helm zum Kranz
Spielts wie Sonnenglanz,
Auch des Wappens nette Schilder
Loben den erfahrnen Bilder.

Herein! herein!
Gesellen alle, schließt den Reihen,

Daß wir die Glocke taufend weihen,
Concordia soll ihr Name sein,
Zur Eintracht, zu herzinnigem Vereine
Versammle sie die liebende Gemeine.

Und dies sei fortan ihr Beruf,
Wozu der Meister sie erschuf!
Hoch überm niedern Erdenleben
Soll sie in blauem Himmelszelt
Die Nachbarin des Donners schweben
Und grenzen an die Sternenwelt,
Soll eine Stimme sein von oben,
Wie der Gestirne helle Schar,
Die ihren Schöpfer wandelnd loben
Und führen das bekränzte Jahr.
Nur ewigen und ernsten Dingen
Sei ihr metallner Mund geweiht,
Und stündlich mit den schnellen Schwingen
Berühr im Fluge sie die Zeit,
Dem Schicksal leihe sie die Zunge,
Selbst herzlos, ohne Mitgefühl,
Begleite sie mit ihrem Schwunge
Des Lebens wechselvolles Spiel.
Und wie der Klang im Ohr vergehet,
Der mächtig tönend ihr entschallt,
So lehre sie, daß nichts bestehet,
Daß alles Irdische verhallt.

Jetzo mit der Kraft des Stranges
Wiegt die Glock mir aus der Gruft,
Daß sie in das Reich des Klanges
Steige, in die Himmelsluft.
Ziehet, ziehet, hebt!
Sie bewegt sich, schwebt,
Freude dieser Stadt bedeute,
Friede sei ihr erst Geläute.

Hoffnung

Es reden und träumen die Menschen viel
  Von bessern künftigen Tagen,
Nach einem glücklichen goldenen Ziel
  Sieht man sie rennen und jagen.
Die Welt wird alt und wird wieder jung,
Doch der Mensch hofft immer Verbesserung.

Die Hoffnung führt ihn ins Leben ein,
  Sie umflattert den fröhlichen Knaben,
Den Jüngling locket ihr Zauberschein,
  Sie wird mit dem Greis nicht begraben,
Denn beschließt er im Grabe den müden Lauf,
Noch am Grabe pflanzt er – die Hoffnung auf.

Es ist kein leerer schmeichelnder Wahn,
  Erzeugt im Gehirne des Toren,
Im Herzen kündet es laut sich an:
  Zu was Besserm sind wir geboren!
Und was die innere Stimme spricht,
Das täuscht die hoffende Seele nicht.

Sprüche des Konfuzius

I

Dreifach ist der Schritt der Zeit:
Zögernd kommt die Zukunft hergezogen,
Pfeilschnell ist das Jetzt entflogen,
Ewig still steht die Vergangenheit.

Keine Ungeduld beflügelt
Ihren Schritt, wenn sie verweilt.
Keine Furcht, kein Zweifeln zügelt
Ihren Lauf, wenn sie enteilt.
Keine Reu, kein Zaubersegen
Kann die Stehende bewegen.

Möchtest du beglückt und weise
Endigen des Lebens Reise,
Nimm die Zögernde zum Rat,
Nicht zum Werkzeug deiner Tat.
Wähle nicht die Fliehende zum Freund,
Nicht die Bleibende zum Feind.

II

Dreifach ist des Raumes Maß:
  Rastlos fort ohn Unterlaß
  Strebt die *Länge*, fort ins Weite
  Endlos gießet sich die *Breite*,
  Grundlos senkt die *Tiefe* sich.

Dir ein Bild sind sie gegeben:
  Rastlos vorwärts mußt du streben,
  Nie ermüdet stille stehn,
  Willst du die Vollendung sehn;

Mußt ins Breite dich entfalten,
Soll sich dir die Welt gestalten;
In die Tiefe mußt du steigen,
Soll sich dir das Wesen zeigen.
Nur Beharrung führt zum Ziel,
Nur die Fülle führt zur Klarheit,
Und im Abgrund wohnt die Wahrheit.

Licht und Wärme

Der beßre Mensch tritt in die Welt
  Mit fröhlichem Vertrauen,
Er glaubt, was ihm die Seele schwellt,
  Auch außer sich zu schauen,
Und weiht, von edlem Eifer warm,
Der Wahrheit seinen treuen Arm.

Doch alles ist so klein, so eng,
  Hat er es erst erfahren,
Da sucht er in dem Weltgedräng
  Sich selbst nur zu bewahren,
Das Herz in kalter stolzer Ruh
Schließt endlich sich der Liebe zu.

Sie geben, ach! nicht immer Glut,
  Der Wahrheit helle Strahlen.
Wohl denen, die des Wissens Gut
  Nicht mit dem Herzen zahlen!
Drum paart, zu eurem schönsten Glück,
Mit Schwärmers Ernst des Weltmanns Blick.

Breite und Tiefe

Es glänzen viele in der Welt,
Sie wissen von allem zu sagen,
Und wo was reizet und wo was gefällt,
Man kann es bei ihnen erfragen,
Man dächte, hört man sie reden laut,
Sie hätten wirklich erobert die Braut.

Doch gehn sie aus der Welt ganz still,
Ihr Leben war verloren.
Wer etwas Treffliches leisten will,
Hätt gern was Großes geboren,
Der sammle still und unerschlafft
Im kleinsten Punkte die höchste Kraft.

Der Stamm erhebt sich in die Luft
Mit üppig prangenden Zweigen,
Die Blätter glänzen und hauchen Duft,
Doch können sie Früchte nicht zeugen,
Der Kern allein im schmalen Raum
Verbirgt den Stolz des Waldes, den Baum.

Das Glück

Selig, welchen die Götter, die gnädigen, vor der Geburt schon
Liebten, welchen als Kind Venus im Arme gewiegt,
Welchem Phöbus die Augen, die Lippen Hermes gelöset,
Und das Siegel der Macht Zeus auf die Stirne gedrückt!
Ein erhabenes Los, ein göttliches, ist ihm gefallen,
Schon vor des Kampfes Beginn sind ihm die Schläfe bekränzt.
Ihm ist, eh er es lebte, das volle Leben gerechnet,
Eh er die Mühe bestand, hat er die Charis erlangt.
Groß zwar nenn ich den Mann, der, sein eigner Bildner und Schöpfer,
Durch der Tugend Gewalt selber die Parze bezwingt,
Aber nicht erzwingt er das Glück, und was ihm die Charis
Neidisch geweigert, erringt nimmer der strebende Mut.
Vor Unwürdigem kann dich der Wille, der ernste, bewahren,
Alles Höchste, es kommt frei von den Göttern herab.
Wie die Geliebte dich liebt, so kommen die himmlischen Gaben,
Oben in Jupiters Reich herrscht wie in Amors die Gunst.
Neigungen haben die Götter, sie lieben der grünenden Jugend
Lockigte Scheitel, es zieht Freude die Fröhlichen an.
Nicht der Sehende wird von ihrer Erscheinung beseligt,
Ihrer Herrlichkeit Glanz hat nur der Blinde geschaut;
Gern erwählen sie sich der Einfalt kindliche Seele,
In das bescheidne Gefäß schließen sie Göttliches ein.
Ungehofft sind sie da und täuschen die stolze Erwartung,
Keines Bannes Gewalt zwinget die Freien herab.

Wem er geneigt, dem sendet der Vater der Menschen und Götter
Seinen Adler herab, trägt ihn zu himmlischen Höhn,
Unter die Menge greift er mit Eigenwillen, und welches
Haupt ihm gefället, um das flicht er mit liebender Hand
Jetzt den Lorbeer und jetzt die herrschaftgebende Binde;
Krönte doch selber den Gott nur das gewogene Glück.
Vor dem Glücklichen her tritt Phöbus, der pythische Sieger,
Und der die Herzen bezwingt, Amor, der lächelnde Gott.
Vor ihm ebnet Poseidon das Meer, sanft gleitet des Schiffes
Kiel, das den Cäsar führt und sein allmächtiges Glück.
Ihm zu Füßen legt sich der Leu, das brausende Delphin
Steigt aus den Tiefen, und fromm beut es den Rücken ihm an.
Zürne dem Glücklichen nicht, daß den leichten Sieg ihm die Götter
Schenken, daß aus der Schlacht Venus den Liebling entrückt.
Ihn, den die lächelnde rettet, den Göttergeliebten beneid ich,
Jenen nicht, dem sie mit Nacht deckt den verdunkelten Blick.
War er weniger herrlich, Achilles, weil ihm Hephästos
Selbst geschmiedet den Schild und das verderbliche Schwert,
Weil um den sterblichen Mann der große Olymp sich beweget?
Das verherrlichet ihn, daß ihn die Götter geliebt,
Daß sie sein Zürnen geehrt und, Ruhm dem Liebling zu geben,
Hellas' bestes Geschlecht stürzten zum Orkus hinab.
Zürne der Schönheit nicht, daß sie schön ist, daß sie verdienstlos
Wie der Lilie Kelch prangt durch der Venus Geschenk,

Laß sie die Glückliche sein, du schaust sie, du bist der Beglückte,
Wie sie ohne Verdienst glänzt, so entzücket sie dich.
Freue dich, daß die Gabe des Lieds vom Himmel herabkommt,
Daß der Sänger dir singt, was ihn die Muse gelehrt,
Weil der Gott ihn beseelt, so wird er dem Hörer zum Gotte,
Weil er der Glückliche ist, kannst du der Selige sein.
Auf dem geschäftigen Markt, da führe Themis die Waage,
Und es messe der Lohn streng an der Mühe sich ab;
Aber die Freude ruft nur ein Gott auf sterbliche Wangen,
Wo kein Wunder geschieht, ist kein Beglückter zu sehn.
Alles Menschliche muß erst werden und wachsen und reifen,
Und von Gestalt zu Gestalt führt es die bildende Zeit,
Aber das Glückliche siehest du nicht, das Schöne nicht werden,
Fertig von Ewigkeit her steht es vollendet vor dir.
Jede irdische Venus ersteht wie die erste des Himmels,
Eine dunkle Geburt aus dem unendlichen Meer;
Wie die erste Minerva, so tritt mit der Ägis gerüstet
Aus des Donnerers Haupt jeder Gedanke des Lichts.

Die Worte des Glaubens

Drei Worte nenn ich euch, inhaltschwer,
Sie gehen von Munde zu Munde,
Doch stammen sie nicht von außen her,
Das Herz nur gibt davon Kunde.
Dem Menschen ist aller Wert geraubt,
Wenn er nicht mehr an die drei Worte glaubt.

Der Mensch ist frei geschaffen, ist frei,
Und würd er in Ketten geboren,
Laßt euch nicht irren des Pöbels Geschrei,
Nicht den Mißbrauch rasender Toren.
Vor dem Sklaven, wenn er die Kette bricht,
Vor dem freien Menschen erzittert nicht.

Und die Tugend, sie ist kein leerer Schall,
Der Mensch kann sie üben im Leben,
Und sollt er auch straucheln überall,
Er kann nach der göttlichen streben,
Und was kein Verstand der Verständigen sieht,
Das übet in Einfalt ein kindlich Gemüt.

Und ein Gott ist, ein heiliger Wille lebt,
Wie auch der menschliche wanke,
Hoch über der Zeit und dem Raume webt
Lebendig der höchste Gedanke,
Und ob alles in ewigem Wechsel kreist,
Es beharret im Wechsel ein ruhiger Geist.

Die drei Worte bewahret euch, inhaltschwer,
  Sie pflanzet von Munde zu Munde,
Und stammen sie gleich nicht von außen her,
  Euer Innres gibt davon Kunde,
Dem Menschen ist nimmer sein Wert geraubt,
Solang er noch an die drei Worte glaubt.

Die Worte des Wahns

Drei Worte hört man, bedeutungsschwer,
  Im Munde der Guten und Besten;
Sie schallen vergeblich, ihr Klang ist leer,
  Sie können nicht helfen und trösten.
Verscherzt ist dem Menschen des Lebens Frucht,
  Solang er die Schatten zu haschen sucht.

Solang er glaubt an die Goldene Zeit,
  Wo das Rechte, das Gute wird siegen, –
Das Rechte, das Gute führt ewig Streit,
  Nie wird der Feind ihm erliegen,
Und erstickst du ihn nicht in den Lüften frei,
  Stets wächst ihm die Kraft auf der Erde neu.

Solang er glaubt, daß das buhlende Glück
  Sich dem Edeln vereinigen werde –
Dem Schlechten folgt es mit Liebesblick,
  Nicht dem Guten gehöret die Erde.
Er ist ein Fremdling, er wandert aus
  Und suchet ein unvergänglich Haus.

Solang er glaubt, daß dem irdschen Verstand
  Die Wahrheit je wird erscheinen,
Ihren Schleier hebt keine sterbliche Hand,
  Wir können nur raten und meinen.
Du kerkerst den Geist in ein tönend Wort,
  Doch der freie wandelt im Sturme fort.

Drum, edle Seele, entreiß dich dem Wahn
   Und den himmlischen Glauben bewahre!
Was kein Ohr vernahm, was die Augen nicht sahn,
   Es ist dennoch, das Schöne, das Wahre!
Es ist nicht draußen, da sucht es der Tor,
   Es ist in dir, du bringst es ewig hervor.

Nänie

Auch das Schöne muß sterben! Das Menschen und Götter bezwinget,
Nicht die eherne Brust rührt es des stygischen Zeus.
Einmal nur erweichte die Liebe den Schattenbeherrscher,
Und an der Schwelle noch, streng, rief er zurück sein Geschenk.
Nicht stillt Aphrodite dem schönen Knaben die Wunde,
Die in den zierlichen Leib grausam der Eber geritzt.
Nicht errettet den göttlichen Held die unsterbliche Mutter,
Wann er, am skäischen Tor fallend, sein Schicksal erfüllt.
Aber sie steigt aus dem Meer mit allen Töchtern des Nereus,
Und die Klage hebt an um den verherrlichten Sohn.
Siehe! Da weinen die Götter, es weinen die Göttinnen alle,
Daß das Schöne vergeht, daß das Vollkommene stirbt.
Auch ein Klaglied zu sein im Mund der Geliebten, ist herrlich,
Denn das Gemeine geht klanglos zum Orkus hinab.

Der Ring des Polykrates

Er stand auf seines Daches Zinnen,
Er schaute mit vergnügten Sinnen
Auf das beherrschte Samos hin.
»Dies alles ist mir untertänig«,
Begann er zu Ägyptens König,
»Gestehe, daß ich glücklich bin.«

»Du hast der Götter Gunst erfahren!
Die vormals deinesgleichen waren,
Sie zwingt jetzt deines Szepters Macht.
Doch einer lebt noch, sie zu rächen,
Dich kann mein Mund nicht glücklich sprechen,
Solang des Feindes Auge wacht.«

Und eh der König noch geendet,
Da stellt sich, von Milet gesendet,
Ein Bote dem Tyrannen dar:
»Laß, Herr! des Opfers Düfte steigen,
Und mit des Lorbeers muntern Zweigen
Bekränze dir dein festlich Haar.

Getroffen sank dein Feind vom Speere,
Mich sendet mit der frohen Märe
Dein treuer Feldherr Polydor –«
Und nimmt aus einem schwarzen Becken,
Noch blutig, zu der beiden Schrecken,
Ein wohlbekanntes Haupt hervor.

Der König tritt zurück mit Grauen:
»Doch warn ich dich, dem Glück zu trauen«,
Versetzt er mit besorgtem Blick.

»Bedenk, auf ungetreuen Wellen,
Wie leicht kann sie der Sturm zerschellen,
Schwimmt deiner Flotte zweifelnd Glück.«

Und eh er noch das Wort gesprochen,
Hat ihn der Jubel unterbrochen,
Der von der Reede jauchzend schallt.
Mit fremden Schätzen reich beladen,
Kehrt zu den heimischen Gestaden
Der Schiffe mastenreicher Wald.

Der königliche Gast erstaunet:
»Dein Glück ist heute gut gelaunet,
Doch fürchte seinen Unbestand.
Der Kreter waffenkundge Scharen
Bedräuen dich mit Kriegsgefahren,
Schon nahe sind sie diesem Strand.«

Und eh ihm noch das Wort entfallen,
Da sieht mans von den Schiffen wallen,
Und tausend Stimmen rufen: »Sieg!
Von Feindesnot sind wir befreiet,
Die Kreter hat der Sturm zerstreuet,
Vorbei, geendet ist der Krieg.«

Das hört der Gastfreund mit Entsetzen:
»Fürwahr, ich muß dich glücklich schätzen,
Doch«, spricht er, »zittr ich für dein Heil.
Mir grauet vor der Götter Neide,
Des Lebens ungemischte Freude
Ward keinem Irdischen zuteil.

Auch mir ist alles wohlgeraten,
Bei allen meinen Herrschertaten
Begleitet mich des Himmels Huld,

Doch hatt ich einen teuren Erben,
Den nahm mir Gott, ich sah ihn sterben,
Dem Glück bezahlt' ich meine Schuld.

Drum, willst du dich vor Leid bewahren,
So flehe zu den Unsichtbaren,
Daß sie zum Glück den Schmerz verleihn.
Noch keinen sah ich fröhlich enden,
Auf den mit immer vollen Händen
Die Götter ihre Gaben streun.

Und wenns die Götter nicht gewähren,
So acht auf eines Freundes Lehren
Und rufe selbst das Unglück her,
Und was von allen deinen Schätzen
Dein Herz am höchsten mag ergötzen,
Das nimm und wirfs in dieses Meer.«

Und jener spricht, von Furcht beweget:
»Von allem, was die Insel heget,
Ist dieser Ring mein höchstes Gut.
Ihn will ich den Erinnen weihen,
Ob sie mein Glück mir dann verzeihen.«
Und wirft das Kleinod in die Flut.

Und bei des nächsten Morgens Lichte,
Da tritt mit fröhlichem Gesichte
Ein Fischer vor den Fürsten hin:
»Herr, diesen Fisch hab ich gefangen,
Wie keiner noch ins Netz gegangen,
Dir zum Geschenke bring ich ihn.«

Und als der Koch den Fisch zerteilet,
Kommt er bestürzt herbeigeeilet
Und ruft mit hocherstauntem Blick:

»Sieh, Herr, den Ring, den du getragen,
Ihn fand ich in des Fisches Magen,
O ohne Grenzen ist dein Glück!«

Hier wendet sich der Gast mit Grausen:
»So kann ich hier nicht ferner hausen,
Mein Freund kannst du nicht weiter sein.
Die Götter wollen dein Verderben,
Fort eil ich, nicht mit dir zu sterben.«
Und sprachs und schiffte schnell sich ein.

Der Handschuh

Vor seinem Löwengarten,
Das Kampfspiel zu erwarten,
Saß König Franz,
Und um ihn die Großen der Krone,
Und rings auf hohem Balkone
Die Damen in schönem Kranz.

Und wie er winkt mit dem Finger,
Auf tut sich der weite Zwinger,
Und hinein mit bedächtigem Schritt
Ein Löwe tritt,
Und sieht sich stumm
Rings um,
Mit langem Gähnen,
Und schüttelt die Mähnen,
Und streckt die Glieder,
Und legt sich nieder.

Und der König winkt wieder,
Da öffnet sich behend
Ein zweites Tor,
Daraus rennt
Mit wildem Sprunge
Ein Tiger hervor.
Wie der den Löwen erschaut,
Brüllt er laut,
Schlägt mit dem Schweif
Einen furchtbaren Reif,
Und recket die Zunge,
Und im Kreise scheu
Umgeht er den Leu

Grimmig schnurrend;
Drauf streckt er sich murrend
Zur Seite nieder.
Und der König winkt wieder,
Da speit das doppelt geöffnete Haus
Zwei Leoparden auf einmal aus,
Die stürzen mit mutiger Kampfbegier
Auf das Tigertier,
Das packt sie mit seinen grimmigen Tatzen,
Und der Leu mit Gebrüll
Richtet sich auf, da wirds still,
Und herum im Kreis,
Von Mordsucht heiß,
Lagern die greulichen Katzen.

Da fällt von des Altans Rand
Ein Handschuh von schöner Hand
Zwischen den Tiger und den Leun
Mitten hinein.

Und zu Ritter Delorges spottenderweis
Wendet sich Fräulein Kunigund:
»Herr Ritter, ist Eure Lieb so heiß,
Wie Ihr mirs schwört zu jeder Stund,
Ei, so hebt mir den Handschuh auf.«

Und der Ritter in schnellem Lauf
Steigt hinab in den furchtbarn Zwinger
Mit festem Schritte,
Und aus der Ungeheuer Mitte
Nimmt er den Handschuh mit keckem Finger.

Und mit Erstaunen und mit Grauen
Sehens die Ritter und Edelfrauen,
Und gelassen bringt er den Handschuh zurück.

Da schallt ihm sein Lob aus jedem Munde,
Aber mit zärtlichem Liebesblick –
Er verheißt ihm sein nahes Glück –
Empfängt ihn Fräulein Kunigunde.
Und er wirft ihr den Handschuh ins Gesicht:
»Den Dank, Dame, begehr ich nicht«,
Und verläßt sie zur selben Stunde.

Der Taucher

»Wer wagt es, Rittersmann oder Knapp,
Zu tauchen in diesen Schlund?
Einen goldnen Becher werf ich hinab,
Verschlungen schon hat ihn der schwarze Mund.
Wer mir den Becher kann wieder zeigen,
Er mag ihn behalten, er ist sein eigen.«

Der König spricht es und wirft von der Höh
Der Klippe, die schroff und steil
Hinaushängt in die unendliche See,
Den Becher in der Charybde Geheul.
»Wer ist der Beherzte, ich frage wieder,
Zu tauchen in diese Tiefe nieder?«

Und die Ritter, die Knappen um ihn her
Vernehmens und schweigen still,
Sehen hinab in das wilde Meer,
Und keiner den Becher gewinnen will.
Und der König zum drittenmal wieder fraget:
»Ist keiner, der sich hinunterwaget?«

Doch alles noch stumm bleibt wie zuvor,
Und ein Edelknecht, sanft und keck,
Tritt aus der Knappen zagendem Chor,
Und den Gürtel wirft er, den Mantel weg,
Und alle die Männer umher und Frauen
Auf den herrlichen Jüngling verwundert schauen.

Und wie er tritt an des Felsen Hang
Und blickt in den Schlund hinab,
Die Wasser, die sie hinunterschlang,

Die Charybde jetzt brüllend wiedergab,
Und wie mit des fernen Donners Getose
Entstürzen sie schäumend dem finstern Schoße.

Und es wallet und siedet und brauset und zischt,
Wie wenn Wasser mit Feuer sich mengt,
Bis zum Himmel spritzet der dampfende Gischt,
Und Flut auf Flut sich ohn Ende drängt,
Und will sich nimmer erschöpfen und leeren,
Als wollte das Meer noch ein Meer gebären.

Doch endlich, da legt sich die wilde Gewalt,
Und schwarz aus dem weißen Schaum
Klafft hinunter ein gähnender Spalt,
Grundlos, als gings in den Höllenraum,
Und reißend sieht man die brandenden Wogen
Hinab in den strudelnden Trichter gezogen.

Jetzt schnell, eh die Brandung wiederkehrt,
Der Jüngling sich Gott befiehlt,
Und – ein Schrei des Entsetzens wird rings gehört,
Und schon hat ihn der Wirbel hinweggespült,
Und geheimnisvoll über dem kühnen Schwimmer
Schließt sich der Rachen, er zeigt sich nimmer.

Und stille wirds über dem Wasserschlund,
In der Tiefe nur brauset es hohl,
Und bebend hört man von Mund zu Mund:
»Hochherziger Jüngling, fahre wohl!«
Und hohler und hohler hört mans heulen,
Und es harrt noch mit bangem, mit schrecklichem Weilen.

Und wärfst du die Krone selber hinein
Und sprächst: Wer mir bringet die Kron,
Er soll sie tragen und König sein,

Mich gelüstete nicht nach dem teuren Lohn.
Was die heulende Tiefe da unten verhehle,
Das erzählt keine lebende glückliche Seele.

Wohl manches Fahrzeug, vom Strudel gefaßt,
Schoß gäh in die Tiefe hinab,
Doch zerschmettert nur rangen sich Kiel und Mast
Hervor aus dem alles verschlingenden Grab. –
Und heller und heller wie Sturmes Sausen
Hört mans näher und immer näher brausen.

Und es wallet und siedet und brauset und zischt,
Wie wenn Wasser mit Feuer sich mengt,
Bis zum Himmel spritzet der dampfende Gischt,
Und Well auf Well sich ohn Ende drängt,
Und wie mit des fernen Donners Getose
Entstürzt es brüllend dem finstern Schoße.

Und sieh! aus dem finster flutenden Schoß
Da hebet sichs schwanenweiß,
Und ein Arm und ein glänzender Nacken wird bloß,
Und es rudert mit Kraft und mit emsigem Fleiß,
Und er ists, und hoch in seiner Linken
Schwingt er den Becher mit freudigem Winken.

Und atmete lang und atmete tief
Und begrüßte das himmlische Licht.
Mit Frohlocken es einer dem andern rief:
»Er lebt! Er ist da! Es behielt ihn nicht.
Aus dem Grab, aus der strudelnden Wasserhöhle
Hat der Brave gerettet die lebende Seele.«

Und er kommt, es umringt ihn die jubelnde Schar,
Zu des Königs Füßen er sinkt,
Den Becher reicht er ihm kniend dar,

Und der König der lieblichen Tochter winkt,
Die füllt ihn mit funkelndem Wein bis zum Rande,
Und der Jüngling sich also zum König wandte:

»Lang lebe der König! Es freue sich,
Wer da atmet im rosigten Licht!
Da unten aber ists fürchterlich,
Und der Mensch versuche die Götter nicht
Und begehre nimmer und nimmer zu schauen,
Was sie gnädig bedecken mit Nacht und Grauen.

Es riß mich hinunter blitzesschnell,
Da stürzt' mir aus felsigem Schacht
Wildflutend entgegen ein reißender Quell,
Mich packte des Doppelstroms wütende Macht,
Und wie einen Kreisel mit schwindelndem Drehen
Trieb michs um, ich konnte nicht widerstehen.

Da zeigte mir Gott, zu dem ich rief
In der höchsten schrecklichen Not,
Aus der Tiefe ragend ein Felsenriff,
Das erfaßt' ich behend und entrann dem Tod,
Und da hing auch der Becher an spitzen Korallen,
Sonst wär er ins Bodenlose gefallen.

Denn unter mir lags noch, bergetief,
In purpurner Finsternis da,
Und obs hier dem Ohre gleich ewig schlief,
Das Auge mit Schaudern hinuntersah,
Wie's von Salamandern und Molchen und Drachen
Sich regt' in dem furchtbaren Höllenrachen.

Schwarz wimmelten da, in grausem Gemisch,
Zu scheußlichen Klumpen geballt,
Der stachligte Roche, der Klippenfisch,

Des Hammers greuliche Ungestalt,
Und dräuend wies mir die grimmigen Zähne
Der entsetzliche Hai, des Meeres Hyäne.

Und da hing ich und wars mir mit Grausen bewußt,
Von der menschlichen Hülfe so weit,
Unter Larven die einzige fühlende Brust,
Allein in der gräßlichen Einsamkeit,
Tief unter dem Schall der menschlichen Rede
Bei den Ungeheuern der traurigen Öde.

Und schaudernd dacht ichs, da krochs heran,
Regte hundert Gelenke zugleich,
Will schnappen nach mir; in des Schreckens Wahn
Laß ich los der Koralle umklammerten Zweig,
Gleich faßt mich der Strudel mit rasendem Toben,
Doch es war mir zum Heil, er riß mich nach oben.«

Der König darob sich verwundert schier
Und spricht: »Der Becher ist dein,
Und diesen Ring noch bestimm ich dir,
Geschmückt mit dem köstlichsten Edelgestein,
Versuchst dus noch einmal und bringst mir Kunde,
Was du sahst auf des Meeres tiefunterstem Grunde.«

Das hörte die Tochter mit weichem Gefühl,
Und mit schmeichelndem Munde sie fleht:
»Laßt, Vater, genug sein das grausame Spiel,
Er hat Euch bestanden, was keiner besteht,
Und könnt Ihr des Herzens Gelüsten nicht zähmen,
So mögen die Ritter den Knappen beschämen.«

Drauf der König greift nach dem Becher schnell,
In den Strudel ihn schleudert hinein:
»Und schaffst du den Becher mir wieder zur Stell,

So sollst du der trefflichste Ritter mir sein
Und sollst sie als Ehgemahl heut noch umarmen,
Die jetzt für dich bittet mit zartem Erbarmen.«

Da ergreifts ihm die Seele mit Himmelsgewalt,
Und es blitzt aus den Augen ihm kühn,
Und er siehet erröten die schöne Gestalt
Und sieht sie erbleichen und sinken hin,
Da treibts ihn, den köstlichen Preis zu erwerben,
Und stürzt hinunter auf Leben und Sterben.

Wohl hört man die Brandung, wohl kehrt sie zurück,
Sie verkündigt der donnernde Schall,
Da bückt sichs hinunter mit liebendem Blick,
Es kommen, es kommen die Wasser all,
Sie rauschen herauf, sie rauschen nieder,
Den Jüngling bringt keines wieder.

Die Kraniche des Ibykus

Zum Kampf der Wagen und Gesänge,
Der auf Korinthus' Landesenge
Der Griechen Stämme froh vereint,
Zog Ibykus, der Götterfreund.
Ihm schenkte des Gesanges Gabe,
Der Lieder süßen Mund Apoll,
So wandert' er, an leichtem Stabe,
Aus Rhegium, des Gottes voll.

Schon winkt auf hohem Bergesrücken
Akrokorinth des Wandrers Blicken,
Und in Poseidons Fichtenhain
Tritt er mit frommem Schauder ein.
Nichts regt sich um ihn her, nur Schwärme
Von Kranichen begleiten ihn,
Die fernhin nach des Südens Wärme
In graulichtem Geschwader ziehn.

»Seid mir gegrüßt, befreundte Scharen!
Die mir zur See Begleiter waren,
Zum guten Zeichen nehm ich euch,
Mein Los, es ist dem euren gleich.
Von fernher kommen wir gezogen
Und flehen um ein wirtlich Dach.
Sei uns der Gastliche gewogen,
Der von dem Fremdling wehrt die Schmach!«

Und munter fördert er die Schritte
Und sieht sich in des Waldes Mitte,
Da sperren, auf gedrangem Steg,
Zwei Mörder plötzlich seinen Weg.

Zum Kampfe muß er sich bereiten,
Doch bald ermattet sinkt die Hand,
Sie hat der Leier zarte Saiten,
Doch nie des Bogens Kraft gespannt.

Er ruft die Menschen an, die Götter,
Sein Flehen dringt zu keinem Retter,
Wie weit er auch die Stimme schickt,
Nichts Lebendes wird hier erblickt.
»So muß ich hier verlassen sterben,
Auf fremdem Boden, unbeweint,
Durch böser Buben Hand verderben,
Wo auch kein Rächer mir erscheint!«

Und schwer getroffen sinkt er nieder,
Da rauscht der Kraniche Gefieder,
Er hört, schon kann er nicht mehr sehn,
Die nahen Stimmen furchtbar krähn.
»Von euch, ihr Kraniche dort oben!
Wenn keine andre Stimme spricht,
Sei meines Mordes Klag erhoben!«
Er ruft es, und sein Auge bricht.

Der nackte Leichnam wird gefunden,
Und bald, obgleich entstellt von Wunden,
Erkennt der Gastfreund in Korinth
Die Züge, die ihm teuer sind.
»Und muß ich so dich wiederfinden,
Und hoffte mit der Fichte Kranz
Des Sängers Schläfe zu umwinden,
Bestrahlt von seines Ruhmes Glanz!«

Und jammernd hörens alle Gäste,
Versammelt bei Poseidons Feste,
Ganz Griechenland ergreift der Schmerz,

Verloren hat ihn jedes Herz.
Und stürmend drängt sich zum Prytanen
Das Volk, es fodert seine Wut,
Zu rächen des Erschlagnen Manen,
Zu sühnen mit des Mörders Blut.

Doch wo die Spur, die aus der Menge,
Der Völker flutendem Gedränge,
Gelocket von der Spiele Pracht,
Den schwarzen Täter kenntlich macht?
Sinds Räuber, die ihn feig erschlagen?
Tats neidisch ein verborgner Feind?
Nur Helios vermags zu sagen,
Der alles Irdische bescheint.

Er geht vielleicht mit frechem Schritte
Jetzt eben durch der Griechen Mitte,
Und während ihn die Rache sucht,
Genießt er seines Frevels Frucht.
Auf ihres eignen Tempels Schwelle
Trotzt er vielleicht den Göttern, mengt
Sich dreist in jene Menschenwelle,
Die dort sich zum Theater drängt.

Denn Bank an Bank gedränget sitzen,
Es brechen fast der Bühne Stützen,
Herbeigeströmt von fern und nah,
Der Griechen Völker wartend da,
Dumpfbrausend wie des Meeres Wogen;
Von Menschen wimmelnd, wächst der Bau
In weiter stets geschweiftem Bogen
Hinauf bis in des Himmels Blau.

Wer zählt die Völker, nennt die Namen,
Die gastlich hier zusammenkamen?

Von Theseus' Stadt, von Aulis Strand,
Von Phokis, vom Spartanerland,
Von Asiens entlegner Küste,
Von allen Inseln kamen sie
Und horchen von dem Schaugerüste
Des *Chores* grauser Melodie,

Der streng und ernst, nach alter Sitte,
Mit langsam abgemeßnem Schritte,
Hervortritt aus dem Hintergrund,
Umwandelnd des Theaters Rund.
So schreiten keine irdschen Weiber,
Die zeugete kein sterblich Haus!
Es steigt das Riesenmaß der Leiber
Hoch über menschliches hinaus.

Ein schwarzer Mantel schlägt die Lenden,
Sie schwingen in entfleischten Händen
Der Fackel düsterrote Glut,
In ihren Wangen fließt kein Blut.
Und wo die Haare lieblich flattern,
Um Menschenstirnen freundlich wehn,
Da sieht man Schlangen hier und Nattern
Die giftgeschwollnen Bäuche blähn.

Und schauerlich gedreht im Kreise
Beginnen sie des Hymnus Weise,
Der durch das Herz zerreißend dringt,
Die Bande um den Sünder schlingt.
Besinnungraubend, herzbetörend
Schallt der Erinnyen Gesang,
Er schallt, des Hörers Mark verzehrend,
Und duldet nicht der Leier Klang:

»Wohl dem, der frei von Schuld und Fehle
Bewahrt die kindlich reine Seele!
Ihm dürfen wir nicht rächend nahn,
Er wandelt frei des Lebens Bahn.
Doch wehe, wehe, wer verstohlen
Des Mordes schwere Tat vollbracht,
Wir heften uns an seine Sohlen,
Das furchtbare Geschlecht der Nacht!

Und glaubt er fliehend zu entspringen,
Geflügelt sind wir da, die Schlingen
Ihm werfend um den flüchtgen Fuß,
Daß er zu Boden fallen muß.
So jagen wir ihn, ohn Ermatten,
Versöhnen kann uns keine Reu,
Ihn fort und fort bis zu den Schatten,
Und geben ihn auch dort nicht frei.«

So singend, tanzen sie den Reigen,
Und Stille wie des Todes Schweigen
Liegt überm ganzen Hause schwer,
Als ob die Gottheit nahe wär.
Und feierlich, nach alter Sitte
Umwandelnd des Theaters Rund
Mit langsam abgemeßnem Schritte,
Verschwinden sie im Hintergrund.

Und zwischen Trug und Wahrheit schwebet
Noch zweifelnd jede Brust und bebet
Und huldiget der furchtbarn Macht,
Die richtend im Verborgnen wacht,
Die unerforschlich, unergründet
Des Schicksals dunkeln Knäuel flicht,
Dem tiefen Herzen sich verkündet,
Doch fliehet vor dem Sonnenlicht.

Da hört man auf den höchsten Stufen
Auf einmal eine Stimme rufen:
»Sieh da! Sieh da, Timotheus,
Die Kraniche des Ibykus!« –
Und finster plötzlich wird der Himmel,
Und über dem Theater hin
Sieht man in schwärzlichtem Gewimmel
Ein Kranichheer vorüberziehn.

»Des Ibykus!« – Der teure Name
Rührt jede Brust mit neuem Grame,
Und, wie im Meere Well auf Well,
So läufts von Mund zu Munde schnell:
»Des Ibykus, den wir beweinen,
Den eine Mörderhand erschlug!
Was ists mit dem? Was kann er meinen?
Was ists mit diesem Kranichzug?« –

Und lauter immer wird die Frage,
Und ahnend fliegts mit Blitzesschlage
Durch alle Herzen. »Gebet acht!
Das ist der Eumeniden Macht!
Der fromme Dichter wird gerochen,
Der Mörder bietet selbst sich dar!
Ergreift ihn, der das Wort gesprochen,
Und ihn, an dens gerichtet war.«

Doch dem war kaum das Wort entfahren,
Möcht ers im Busen gern bewahren;
Umsonst, der schreckenbleiche Mund
Macht schnell die Schuldbewußten kund.
Man reißt und schleppt sie vor den Richter,
Die Szene wird zum Tribunal,
Und es gestehn die Bösewichter,
Getroffen von der Rache Strahl.

Die Bürgschaft

Zu Dionys, dem Tyrannen, schlich
Damon, den Dolch im Gewande;
Ihn schlugen die Häscher in Bande.
»Was wolltest du mit dem Dolche, sprich!«
Entgegnet ihm finster der Wüterich.
»Die Stadt vom Tyrannen befreien!«
»Das sollst du am Kreuze bereuen.«

»Ich bin«, spricht jener, »zu sterben bereit
Und bitte nicht um mein Leben,
Doch willst du Gnade mir geben,
Ich flehe dich um drei Tage Zeit,
Bis ich die Schwester dem Gatten gefreit,
Ich lasse den Freund dir als Bürgen,
Ihn magst du, entrinn ich, erwürgen.«

Da lächelt der König mit arger List
Und spricht nach kurzem Bedenken:
»Drei Tage will ich dir schenken.
Doch wisse! Wenn sie verstrichen, die Frist,
Eh du zurück mir gegeben bist,
So muß er statt deiner erblassen,
Doch dir ist die Strafe erlassen.«

Und er kommt zum Freunde: »Der König gebeut,
Daß ich am Kreuz mit dem Leben
Bezahle das frevelnde Streben,
Doch will er mir gönnen drei Tage Zeit,
Bis ich die Schwester dem Gatten gefreit,

So bleib du dem König zum Pfande,
Bis ich komme, zu lösen die Bande.«

Und schweigend umarmt ihn der treue Freund
Und liefert sich aus dem Tyrannen,
Der andere ziehet von dannen.
Und ehe das dritte Morgenrot scheint,
Hat er schnell mit dem Gatten die Schwester vereint,
Eilt heim mit sorgender Seele,
Damit er die Frist nicht verfehle.

Da gießt unendlicher Regen herab,
Von den Bergen stürzen die Quellen,
Und die Bäche, die Ströme schwellen.
Und er kommt ans Ufer mit wanderndem Stab,
Da reißet die Brücke der Strudel hinab,
Und donnernd sprengen die Wogen
Des Gewölbes krachenden Bogen.

Und trostlos irrt er an Ufers Rand,
Wie weit er auch spähet und blicket
Und die Stimme, die rufende, schicket,
Da stößet kein Nachen vom sichern Strand,
Der ihn setze an das gewünschte Land,
Kein Schiffer lenket die Fähre,
Und der wilde Strom wird zum Meere.

Da sinkt er ans Ufer und weint und fleht,
Die Hände zum Zeus erhoben:
»O hemme des Stromes Toben!
Es eilen die Stunden, im Mittag steht
Die Sonne, und wenn sie niedergeht
Und ich kann die Stadt nicht erreichen,
So muß der Freund mir erbleichen.«

Doch wachsend erneut sich des Stromes Wut,
Und Welle auf Welle zerrinnet,
Und Stunde an Stunde entrinnet.
Da treibt ihn die Angst, da faßt er sich Mut
Und wirft sich hinein in die brausende Flut
Und teilt mit gewaltigen Armen
Den Strom, und ein Gott hat Erbarmen.

Und gewinnt das Ufer und eilet fort
Und danket dem rettenden Gotte,
Da stürzet die raubende Rotte
Hervor aus des Waldes nächtlichem Ort,
Den Pfad ihm sperrend, und schnaubet Mord
Und hemmet des Wanderers Eile
Mit drohend geschwungener Keule.

»Was wollt ihr?« ruft er, für Schrecken bleich,
»Ich habe nichts als mein Leben,
Das muß ich dem Könige geben!«
Und entreißt die Keule dem nächsten gleich:
»Um des Freundes willen erbarmet euch!«
Und drei mit gewaltigen Streichen
Erlegt er, die andern entweichen.

Und die Sonne versendet glühenden Brand,
Und von der unendlichen Mühe
Ermattet sinken die Kniee.
»O hast du mich gnädig aus Räubershand,
Aus dem Strom mich gerettet ans heilige Land,
Und soll hier verschmachtend verderben,
Und der Freund mir, der liebende, sterben!«

Und horch! da sprudelt es silberhell,
Ganz nahe, wie rieselndes Rauschen,

Und stille hält er, zu lauschen,
Und sieh, aus dem Felsen, geschwätzig, schnell,
Springt murmelnd hervor ein lebendiger Quell,
Und freudig bückt er sich nieder
Und erfrischet die brennenden Glieder.

Und die Sonne blickt durch der Zweige Grün
Und malt auf den glänzenden Matten
Der Bäume gigantische Schatten;
Und zwei Wanderer sieht er die Straße ziehn,
Will eilenden Laufes vorüberfliehn,
Da hört er die Worte sie sagen:
»Jetzt wird er ans Kreuz geschlagen.«

Und die Angst beflügelt den eilenden Fuß,
Ihn jagen der Sorge Qualen,
Da schimmern in Abendrots Strahlen
Von ferne die Zinnen von Syrakus,
Und entgegen kommt ihm Philostratus,
Des Hauses redlicher Hüter,
Der erkennet entsetzt den Gebieter:

»Zurück! du rettest den Freund nicht mehr,
So rette das eigene Leben!
Den Tod erleidet er eben.
Von Stunde zu Stunde gewartet' er
Mit hoffender Seele der Wiederkehr,
Ihm konnte den mutigen Glauben
Der Hohn des Tyrannen nicht rauben.«

»Und ist es zu spät, und kann ich ihm nicht
Ein Retter willkommen erscheinen,
So soll mich der Tod ihm vereinen.
Des rühme der blutge Tyrann sich nicht,
Daß der Freund dem Freunde gebrochen die Pflicht,

Er schlachte der Opfer zweie
Und glaube an Liebe und Treue.«

Und die Sonne geht unter, da steht er am Tor
Und sieht das Kreuz schon erhöhet,
Das die Menge gaffend umstehet,
An dem Seile schon zieht man den Freund empor,
Da zertrennt er gewaltig den dichten Chor:
»Mich, Henker!« ruft er, »erwürget!
Da bin ich, für den er gebürget!«

Und Erstaunen ergreifet das Volk umher,
In den Armen liegen sich beide
Und weinen für Schmerzen und Freude.
Da sieht man kein Auge tränenleer,
Und zum Könige bringt man die Wundermär,
Der fühlt ein menschliches Rühren,
Läßt schnell vor den Thron sie führen.

Und blicket sie lange verwundert an.
Drauf spricht er: »Es ist euch gelungen,
Ihr habt das Herz mir bezwungen,
Und die Treue, sie ist doch kein leerer Wahn,
So nehmet auch mich zum Genossen an,
Ich sei, gewährt mir die Bitte,
In eurem Bunde der Dritte.«

Kassandra

Freude war in Trojas Hallen,
Eh die hohe Feste fiel,
Jubelhymnen hört man schallen
In der Saiten goldnes Spiel.
Alle Hände ruhen müde
Von dem tränenvollen Streit,
Weil der herrliche Pelide
Priams schöne Tochter freit.

Und geschmückt mit Lorbeerreisern,
Festlich wallet Schar auf Schar
Nach der Götter heilgen Häusern,
Zu des Thymbriers Altar.
Dumpferbrausend durch die Gassen
Wälzt sich die bacchantsche Lust,
Und in ihrem Schmerz verlassen
War nur eine traurge Brust.

Freudlos in der Freude Fülle,
Ungesellig und allein,
Wandelte Kassandra stille
In Apollos Lorbeerhain.
In des Waldes tiefste Gründe
Flüchtete die Seherin,
Und sie warf die Priesterbinde
Zu der Erde zürnend hin:

»Alles ist der Freude offen
Alle Herzen sind beglückt,
Und die alten Eltern hoffen,
Und die Schwester steht geschmückt.

Ich allein muß einsam trauern,
Denn mich flieht der süße Wahn,
Und geflügelt diesen Mauern
Seh ich das Verderben nahn.

Eine Fackel seh ich glühen,
Aber nicht in Hymens Hand,
Nach den Wolken seh ichs ziehen,
Aber nicht wie Opferbrand.
Feste seh ich froh bereiten,
Doch im ahnungsvollen Geist
Hör ich schon des Gottes Schreiten,
Der sie jammervoll zerreißt.

Und sie schelten meine Klagen,
Und sie höhnen meinen Schmerz,
Einsam in die Wüste tragen
Muß ich mein gequältes Herz,
Von den Glücklichen gemieden
Und den Fröhlichen ein Spott!
Schweres hast du mir beschieden,
Pythischer, du arger Gott!

Dein Orakel zu verkünden,
Warum warfest du mich hin
In die Stadt der ewig Blinden
Mit dem aufgeschloßnen Sinn?
Warum gabst du mir zu sehen,
Was ich doch nicht wenden kann?
Das Verhängte muß geschehen,
Das Gefürchtete muß nahn.

Frommts, den Schleier aufzuheben,
Wo das nahe Schrecknis droht?
Nur der Irrtum ist das Leben,

Und das Wissen ist der Tod.
Nimm, o nimm die traurge Klarheit,
Mir vom Aug den blutgen Schein,
Schrecklich ist es, deiner Wahrheit
Sterbliches Gefäß zu sein.

Meine Blindheit gib mir wieder
Und den fröhlich dunkeln Sinn,
Nimmer sang ich freudge Lieder,
Seit ich deine Stimme bin.
Zukunft hast du mir gegeben,
Doch du nahmst den Augenblick,
Nahmst der Stunde fröhlich Leben,
Nimm dein falsch Geschenk zurück!

Nimmer mit dem Schmuck der Bräute
Kränzt ich mir das duftge Haar,
Seit ich deinem Dienst mich weihte
An dem traurigen Altar.
Meine Jugend war nur Weinen,
Und ich kannte nur den Schmerz,
Jede herbe Not der Meinen
Schlug an mein empfindend Herz.

Fröhlich seh ich die Gespielen,
Alles um mich lebt und liebt
In der Jugend Lustgefühlen,
Mir nur ist das Herz getrübt.
Mir erscheint der Lenz vergebens,
Der die Erde festlich schmückt,
Wer erfreute sich des Lebens,
Der in seine Tiefen blickt!

Selig preis ich Polyxenen
In des Herzens trunkenem Wahn,

Denn den besten der Hellenen
Hofft sie bräutlich zu umfahn.
Stolz ist ihre Brust gehoben,
Ihre Wonne faßt sie kaum,
Nicht euch Himmlische dort oben
Neidet sie in ihrem Traum.

Und auch ich hab ihn gesehen,
Den das Herz verlangend wählt,
Seine schönen Blicke flehen,
Von der Liebe Glut beseelt.
Gerne möcht ich mit dem Gatten
In die heimsche Wohnung ziehn,
Doch es tritt ein stygscher Schatten
Nächtlich zwischen mich und ihn.

Ihre bleichen Larven alle
Sendet mir Proserpina,
Wo ich wandre, wo ich walle,
Stehen mir die Geister da.
In der Jugend frohe Spiele
Drängen sie sich grausend ein,
Ein entsetzliches Gewühle,
Nimmer kann ich fröhlich sein.

Und den Mordstahl seh ich blinken
Und das Mörderauge glühn,
Nicht zur Rechten, nicht zur Linken
Kann ich vor dem Schrecknis fliehn,
Nicht die Blicke darf ich wenden,
Wissend, schauend, unverwandt
Muß ich mein Geschick vollenden,
Fallend in dem fremden Land.« –

Und noch hallen ihre Worte,
Horch! da dringt verworrner Ton
Fernher aus des Tempels Pforte,
Tot lag Thetis' großer Sohn!
Eris schüttelt ihre Schlangen,
Alle Götter fliehn davon,
Und des Donners Wolken hangen
Schwer herab auf Ilion.

Das Spiel des Lebens

Wollt ihr in meinen Kasten sehn?
Des Lebens Spiel, die Welt im kleinen,
Gleich soll sie eurem Aug erscheinen;
Nur müßt ihr nicht zu nahe stehn,
Ihr müßt sie bei der Liebe Kerzen
Und nur bei Amors Fackel sehn.

Schaut her! Nie wird die Bühne leer:
Dort bringen sie das Kind getragen,
Der Knabe hüpft, der Jüngling stürmt einher,
Es kämpft der Mann, und alles will er wagen.

Ein jeglicher versucht sein Glück,
Doch schmal nur ist die Bahn zum Rennen:
Der Wagen rollt, die Achsen brennen,
Der Held drängt kühn voran, der Schwächling bleibt zurück,
Der Stolze fällt mit lächerlichem Falle,
Der Kluge überholt sie alle.

Die Frauen seht ihr an den Schranken stehn,
Mit holdem Blick, mit schönen Händen
Den Dank dem Sieger auszuspenden.

Die Gunst des Augenblicks

Und so finden wir uns wieder
  In dem heitern bunten Reihn,
Und es soll der Kranz der Lieder
  Frisch und grün geflochten sein.

Aber wem der Götter bringen
  Wir des Liedes ersten Zoll?
Ihn vor allen laßt uns singen,
  Der die Freude schaffen soll.

Denn was frommt es, daß mit Leben
  Ceres den Altar geschmückt?
Daß den Purpursaft der Reben
  Bacchus in die Schale drückt?

Zückt vom Himmel nicht der Funken,
  Der den Herd in Flammen setzt,
Ist der Geist nicht feuertrunken,
  Und das Herz bleibt unergetzt.

Aus den Wolken muß es fallen,
  Aus der Götter Schoß das Glück,
Und der mächtigste von allen
  Herrschern ist der Augenblick.

Von dem allerersten Werden
  Der unendlichen Natur
Alles Göttliche auf Erden
  Ist ein Lichtgedanke nur.

Langsam in dem Lauf der Horen
   Füget sich der Stein zum Stein,
Schnell, wie es der Geist geboren,
   Will das Werk empfunden sein.

Wie im hellen Sonnenblicke
   Sich ein Farbenteppich webt,
Wie auf ihrer bunten Brücke
   Iris durch den Himmel schwebt,

So ist jede schöne Gabe
   Flüchtig wie des Blitzes Schein,
Schnell in ihrem düstern Grabe
   Schließt die Nacht sie wieder ein.

Die vier Weltalter

Wohl perlet im Glase der purpurne Wein,
  Wohl glänzen die Augen der Gäste,
Es zeigt sich der Sänger, er tritt herein,
  Zu dem Guten bringt er das Beste,
Denn ohne die Leier im himmlischen Saal
Ist die Freude gemein auch beim Nektarmahl.

Ihm gaben die Götter das reine Gemüt,
  Wo die Welt sich, die ewige, spiegelt,
Er hat alles gesehn, was auf Erden geschieht,
  Und was uns die Zukunft versiegelt,
Er saß in der Götter urältestem Rat
Und behorchte der Dinge geheimste Saat.

Er breitet es lustig und glänzend aus,
  Das zusammengefaltete Leben,
Zum Tempel schmückt er das irdische Haus,
  Ihm hat es die Muse gegeben,
Kein Dach ist so niedrig, keine Hütte so klein,
Er führt einen Himmel voll Götter hinein.

Und wie der erfindende Sohn des Zeus
  Auf des Schildes einfachem Runde
Die Erde, das Meer und den Sternenkreis
  Gebildet mit göttlicher Kunde,
So drückt er ein Bild des unendlichen All
In des Augenblicks flüchtig verrauschenden Schall.

Er kommt aus dem kindlichen Alter der Welt,
Wo die Völker sich jugendlich freuten,
Er hat sich, ein fröhlicher Wandrer, gesellt
Zu allen Geschlechtern und Zeiten.
Vier Menschenalter hat er gesehn
Und läßt sie am fünften vorübergehn.

Erst regierte Saturnus schlicht und gerecht,
Da war es heute wie morgen,
Da lebten die Hirten, ein harmlos Geschlecht,
Und brauchten für gar nichts zu sorgen,
Sie liebten und taten weiter nichts mehr,
Die Erde gab alles freiwillig her.

Drauf kam die Arbeit, der Kampf begann
Mit Ungeheuern und Drachen,
Und die Helden fingen, die Herrscher an,
Und den Mächtigen suchten die Schwachen,
Und der Streit zog in des Skamanders Feld,
Doch die Schönheit war immer der Gott der Welt.

Aus dem Kampf ging endlich der Sieg hervor,
Und der Kraft entblühte die Milde,
Da sangen die Musen im himmlischen Chor,
Da erhuben sich Göttergebilde!
Das Alter der göttlichen Phantasie,
Es ist verschwunden, es kehret nie.

Die Götter sanken vom Himmelsthron,
Es stürzten die herrlichen Säulen,
Und geboren wurde der Jungfrau Sohn,
Die Gebrechen der Erde zu heilen,
Verbannt ward der Sinne flüchtige Lust,
Und der Mensch griff denkend in seine Brust.

Und der eitle, der üppige Reiz entwich,
Der die frohe Jugendwelt zierte,
Der Mönch und die Nonne zergeißelten sich,
Und der eiserne Ritter turnierte.
Doch war das Leben auch finster und wild,
So blieb doch die Liebe lieblich und mild.

Und einen heiligen, keuschen Altar
Bewahrten sich stille die Musen,
Es lebte, was edel und sittlich war,
In der Frauen züchtigem Busen,
Die Flamme des Liedes entbrannte neu
An der schönen Minne und Liebestreu.

Drum soll auch ein ewiges zartes Band
Die Frauen, die Sänger umflechten,
Sie wirken und weben Hand in Hand
Den Gürtel des Schönen und Rechten.
Gesang und Liebe in schönem Verein,
Sie erhalten dem Leben den Jugendschein.

An die Freunde

Lieben Freunde! Es gab schönre Zeiten
Als die unsern – das ist nicht zu streiten!
Und ein edler Volk hat einst gelebt.
Könnte die Geschichte davon schweigen,
Tausend Steine würden redend zeugen,
Die man aus dem Schoß der Erde gräbt.
  Doch es ist dahin, es ist verschwunden,
  Dieses hochbegünstigte Geschlecht.
  Wir, wir *leben*! Unser sind die Stunden,
  Und der Lebende hat recht.

Freunde! Es gibt glücklichere Zonen
Als das Land, worin wir leidlich wohnen,
Wie der weitgereiste Wandrer spricht.
Aber hat *Natur* uns viel entzogen,
War die *Kunst* uns freundlich doch gewogen,
Unser Herz erwarmt an *ihrem* Licht.
  Will der Lorbeer hier sich nicht gewöhnen,
  Wird die Myrte unsers Winters Raub,
  Grünet doch, die Schläfe zu bekrönen,
  Uns der Rebe muntres Laub.

Wohl von größerm Leben mag es rauschen,
Wo vier Welten ihre Schätze tauschen,
An der Themse, auf dem Markt der Welt.
Tausend Schiffe landen an und gehen,
Da ist jedes Köstliche zu sehen,
Und es herrscht der Erde Gott, das Geld.
  Aber nicht im trüben Schlamm der Bäche,
  Der von wilden Regengüssen schwillt,
  Auf des stillen Baches ebner Fläche
  Spiegelt sich das Sonnenbild.

Prächtiger als *wir* in unserm Norden
Wohnt der Bettler an der Engelspforten,
Denn er sieht das ewig einzge Rom!
Ihn umgibt der Schönheit Glanzgewimmel,
Und ein zweiter Himmel in den Himmel
Steigt Sankt Peters wunderbarer Dom.
Aber Rom in allem seinem Glanze
Ist ein Grab nur der Vergangenheit,
Leben duftet nur die frische Pflanze,
Die die grüne Stunde streut.

Größres mag sich anderswo begeben,
Als bei uns in unserm kleinen Leben,
Neues – hat die Sonne nie gesehn.
Sehn wir doch das Große *aller* Zeiten
Auf den Brettern, die die Welt bedeuten,
Sinnvoll, still an uns vorübergehn.
Alles wiederholt sich nur im Leben,
Ewig jung ist nur die Phantasie,
Was sich nie und nirgends hat begeben,
Das allein veraltet nie!

Sehnsucht

Ach, aus dieses Tales Gründen,
 Die der kalte Nebel drückt,
Könnt ich doch den Ausgang finden,
 Ach wie fühlt ich mich beglückt!
Dort erblick ich schöne Hügel,
 Ewig jung und ewig grün!
Hätt ich Schwingen, hätt ich Flügel,
 Nach den Hügeln zög ich hin.

Harmonien hör ich klingen,
 Töne süßer Himmelsruh,
Und die leichten Winde bringen
 Mir der Düfte Balsam zu,
Goldne Früchte seh ich glühen,
 Winkend zwischen dunkelm Laub,
Und die Blumen, die dort blühen,
 Werden keines Winters Raub.

Ach wie schön muß sichs ergehen
 Dort im ewgen Sonnenschein,
Und die Luft auf jenen Höhen,
 O wie labend muß sie sein!
Doch mir wehrt des Stromes Toben,
 Der ergrimmt dazwischen braust,
Seine Wellen sind gehoben,
 Daß die Seele mir ergraust.

Einen Nachen seh ich schwanken,
 Aber ach! der Fährmann fehlt.
Frisch hinein und ohne Wanken,
 Seine Segel sind beseelt.

Du mußt glauben, du mußt wagen,
Denn die Götter leihn kein Pfand,
Nur ein Wunder kann dich tragen
In das schöne Wunderland.

Der Pilgrim

Noch in meines Lebens Lenze
War ich, und ich wandert aus,
Und der Jugend frohe Tänze
Ließ ich in des Vaters Haus.

All mein Erbteil, meine Habe
Warf ich fröhlich glaubend hin,
Und am leichten Pilgerstabe
Zog ich fort mit Kindersinn.

Denn mich trieb ein mächtig Hoffen
Und ein dunkles Glaubenswort,
»Wandle«, riefs, »der Weg ist offen,
Immer nach dem Aufgang fort.

Bis zu einer goldnen Pforten
Du gelangst, da gehst du ein,
Denn das Irdische wird dorten
Himmlisch unvergänglich sein.«

Abend wards und wurde Morgen,
Nimmer, nimmer stand ich still,
Aber immer bliebs verborgen,
Was ich suche, was ich will.

Berge lagen mir im Wege,
Ströme hemmten meinen Fuß,
Über Schlünde baut ich Stege,
Brücken durch den wilden Fluß.

Und zu eines Stroms Gestaden
    Kam ich, der nach Morgen floß,
Froh vertrauend seinem Faden,
    Werf ich mich in seinen Schoß.

Hin zu einem großen Meere
    Trieb mich seiner Wellen Spiel,
Vor mir liegts in weiter Leere,
    Näher bin ich nicht dem Ziel.

Ach, kein Steg will dahin führen,
    Ach, der Himmel über mir
Will die Erde nie berühren,
    Und das Dort ist niemals Hier.

Berglied

Am Abgrund leitet der schwindligte Steg,
Er führt zwischen Leben und Sterben,
Es sperren die Riesen den einsamen Weg
Und drohen dir ewig Verderben,
Und willst du die schlafende Löwin* nicht wecken,
So wandle still durch die Straße der Schrecken.

Es schwebt eine Brücke, hoch über den Rand
Der furchtbaren Tiefe gebogen,
Sie ward nicht erbauet von Menschenhand,
Es hätte sichs keines verwogen,
Der Strom braust unter ihr spat und früh,
Speit ewig hinauf und zertrümmert sie nie.

Es öffnet sich schwarz ein schauriges *Tor*,
Du glaubst dich im Reiche der Schatten,
Da tut sich ein lachend Gelände hervor,
Wo der Herbst und der Frühling sich gatten,
Aus des Lebens Mühen und ewiger Qual
Möcht ich fliehen in dieses glückselige *Tal*.

Vier *Ströme* brausen hinab in das Feld,
Ihr Quell, der ist ewig verborgen,
Sie fließen nach allen vier Straßen der Welt,
Nach Abend, Nord, Mittag und Morgen,
Und wie die Mutter sie rauschend geboren,
Fort fliehn sie und bleiben sich ewig verloren.

* Löwin, an einigen Orten der Schweiz der verdorbene Ausdruck für Lawine.

Zwei *Zinken* ragen ins Blaue der Luft,
Hoch über der Menschen Geschlechter,
Drauf tanzen, umschleiert mit goldenem Duft,
Die Wolken, die himmlischen Töchter.
Sie halten dort oben den einsamen Reihn,
Da stellt sich kein Zeuge, kein irdischer, ein.

Es sitzt die Königin hoch und klar
Auf unvergänglichem Throne,
Die Stirn umkränzt sie sich wunderbar
Mit diamantener Krone,
Drauf schießt die Sonne die Pfeile von Licht,
Sie vergolden sie nur und erwärmen sie nicht.

Punschlied

Vier Elemente,
Innig gesellt,
Bilden das Leben,
Bauen die Welt.

Preßt der Zitrone
Saftigen Stern,
Herb ist des Lebens
Innerster Kern.

Jetzt mit des Zuckers
Linderndem Saft
Zähmet die herbe
Brennende Kraft,

Gießet des Wassers
Sprudelnden Schwall,
Wasser umfänget
Ruhig das All.

Tropfen des Geistes
Gießet hinein,
Leben dem Leben
Gibt er allein.

Eh es verdüftet,
Schöpfet es schnell,
Nur wenn er glühet,
Labet der Quell.

Abschied vom Leser
(Sängers Abschied)

Die Muse schweigt, mit jungfräulichen Wangen,
Erröten im verschämten Angesicht,
Tritt sie vor dich, ihr Urteil zu empfangen,
Sie achtet es, doch fürchtet sie es nicht.
Des Guten Beifall wünscht sie zu erlangen,
Den Wahrheit rührt, den Flimmer nicht besticht,
Nur wem ein Herz empfänglich für das Schöne
Im Busen schlägt, ist wert, daß er sie kröne.

Nicht länger wollen diese Lieder leben,
Als bis ihr Klang ein fühlend Herz erfreut,
Mit schönern Phantasien es umgeben,
Zu höheren Gefühlen es geweiht;
Zur fernen Nachwelt wollen sie nicht schweben,
Sie tönten, sie verhallen in der Zeit.
Des Augenblickes Lust hat sie geboren,
Sie fliehen fort im leichten Tanz der Horen.

Der Lenz erwacht, auf den erwärmten Triften
Schießt frohes Leben jugendlich hervor,
Die Staude würzt die Luft mit Nektardüften,
Den Himmel füllt ein muntrer Sängerchor,
Und jung und alt ergeht sich in den Lüften
Und freuet sich und schwelgt mit Aug und Ohr.
Der Lenz entflieht! Die Blume schießt in Samen,
Und keine bleibt von allen, welche kamen.

Anhang

Ein Dichter für alle? Keine Frage, wenn man die Rezeptionsgeschichte seiner Werke ins Auge faßt und feststellt, daß seine Dramen seit über zwei Jahrhunderten auf den Bühnen gespielt werden und zahlreiche seiner Gedichte in Anthologien und Schullesebüchern abgedruckt sind. So sehr drangen seine Werke ins allgemeine Bewußtsein, daß Teile von ihnen, einzelne Verse, Sentenzen, Sprichwörter, allüberall präsent sind und zitiert werden. Seine Lehrgedichte waren und sind kanonische Werke schulischer Bildung, die nicht nur der älteren Generation im Gedächtnis haftenblieben. Die zahlreichen Ausgaben seiner Werke vom frühen 19. bis ins 21. Jahrhundert sind Dokumente der Popularität ihres Verfassers.

Dabei stand Schiller seinem eigenen Schaffen durchaus kritisch gegenüber, vor allem seinen Gedichten. »Das lyrische Fach [...] sehe ich eher für ein *Exilium*, als für eine *eroberte Provinz* an«, schrieb er seinem Freund und Gönner Christian Gottfried Körner am 25. Februar 1789. Und doch – seine Gedichte behaupten sich. Im 19. wie im 20. Jahrhundert beginnen die meisten Schiller-Ausgaben mit der hochgeschätzten Lyrik, wie auch immer Schiller selbst und einige seiner Zeitgenossen, vor allem die Romantiker, sie gesehen und bewertet haben mochten. Sie unterscheidet sich ganz wesentlich von der Dichtung des jungen Goethe und der Romantik, die gern als »Erlebnislyrik« eingestuft und als solche (zumindest zeitweilig) überschwenglich gefeiert wurde. Zur Erlebnislyrik Goethescher Ausprägung zählen Schillers Gedichte nicht. Zwischen diesen, vor allem den Sesenheimer Liedern und den Sturm-und-Drang-Gedichten, und Schillers Texten liegen Welten. Auch das Frühwerk, wie es sich in der anonym erschienenen *Anthologie auf das Jahr 1782* präsentiert, unterscheidet sich fundamental von Goethes Jugendlyrik, die man auch nicht in jedem Einzelfall als unmittelbaren Gefühlsausdruck begreifen darf, wie es eine ältere Germanistik getan hat. Heute versteht man den Terminus ›Erlebnislyrik‹ etwas anders, und man ordnet die meisten der Gedichte, die früher dazu zählten, eher einer Rollenlyrik zu. Dies gilt um so mehr für Schillers Gedichte, auch dann, wenn sich in ihnen ein »Ich« artikuliert. Aber dieses »Ich« ist in den meisten Fällen kein Ich des persönlichen Erlebens und Empfindens, sondern ein Ich der Reflexion und der gedanklichen Vertiefung. Das entspricht ganz der Intention Schillers, der das philosophische, gedanklich auslotende Gedicht als eine der modernen Literatur angemessene Ausdrucksmöglichkeit propagiert. Er betont den Zusammenhang von Poesie und ethischer Reflexion und sieht sich – dies führt er in seinem bekannten Aufsatz *Über naive und sentimentalische Dichtung* (1795/96) weiter aus – als einen Autor, der über die Reflexion zur Dichtung kommt und nicht aus dem Gefühl heraus schafft. Seine Gedichte sind deshalb überwiegend Ideengedichte oder Lehrgedichte, die eine philosophische These, eine Erkenntnis, einen Gedanken in poetische Form einkleiden: in Verszeilen, mit oder ohne Reim, in Strophen, in feste Gedichtformen. In ihnen gehen Philosophie und Poesie eine enge Verbindung ein, sind Wissenschaft und Kunst keine polaren Gegensätze, eher Geschwisterkinder, die dem *einen* Ziel dienen: der Vermittlung von Erkenntnis.

Schillers Selbstverständnis als Lyriker ist nicht unmittelbar aus Selbstäußerungen abzuleiten, sondern nur indirekt zu erschließen. So geben etwa seine beiden wichtigen Rezensionen zu Bürgers Gedichten und zu denen Matthissons Auskunft über sein Lyrikverständnis. Interessant ist, daß er sich von dem, was der Sturm und Drang besonders schätzte, dem »Volkston«, rigoros abwendet.

Herder und andere, vor allem auch Bürger, sahen den Urgrund der Poesie im Volkstümlichen verwurzelt. Homer, Ossian, Shakespeare waren ihnen so große Dichter, weil sie »Volksdichter« waren, d. h. ihre Stoffe, Motive, Formen (angeblich) der Volksdichtung entnommen hatten. Von daher propagierten sie eine volksnahe »natürliche« Dichtung und favorisierten entsprechende Autoren bzw. ahmten diese nach. Mit Herder und dem Sturm und Drang hat sich damit die Auffassung vom Dichter und von Dichtung im Vergleich zum französischen Klassizismus und zur deutschen Frühaufklärung (Gottsched) grundlegend gewandelt. Maßstab und Zielvorgabe ist das »Natürliche«, »Volksnahe«, das in der Dichtung neu zu erstehen hat. Mit einer solchen Auffassung kann Schiller nicht viel anfangen. Deshalb kritisiert er Bürgers Ansatz. Dieser widerspricht seiner Auffassung von Lyrik, die eben anthropologische und philosophische Überzeugungen formulieren, eine gedankliche Vertiefung anstreben, letztendlich eine Belehrung des Rezipienten erreichen soll. Hier formt sich schon der Gedanke vor, daß Lyrik wie überhaupt aller Kunst bei der Sozialisation des Menschen eine besondere Funktion zukomme, was er in seinem Aufsatz *Über die ästhetische Erziehung des Menschen* (1795) weiter ausführen wird.

Schillers lyrisches Schaffen läßt verschiedene Phasen erkennen. Da ist zunächst die Frühphase, die bis 1781 reicht und deren Gedichte Eingang in die *Anthologie auf das Jahr 1782* gefunden haben. Diesen frühen Produktionen stand der Autor später skeptisch gegenüber. Er hat sie in den ersten Band seiner *Gedichte* (1800) nicht aufgenommen. Erst als er die Texte für den zweiten Band (1803) zusammenstellte, griff er – wohl aus Mangel an Material – auch auf diese zurück. In der Zeit von 1782 bis 1794 hat Schiller nur wenige Gedichte geschrieben, darunter aber so bedeutende wie *Resignation, Die Ideale,*

Die Götter Griechenlands, Die Künstler. Die Hauptschaffensphase beginnt mit dem Jahr 1795, sie reicht bis etwa 1800. Danach sind nur noch wenige Gedichte entstanden. Neben den Balladen, die, trotz oder gerade wegen ihrer moralisierenden Tendenz, große Popularität erlangten, sind es vor allem Elegien, die den Zustand der Welt, die Vergänglichkeit, den Untergang auch des Schönen, dem Schiller eine so große Bedeutung bei der Bildung des Menschen zugestanden hatte, beklagen.

Friedrich Schiller wurde am 10. November 1759 in Marbach am Neckar geboren. Auf Befehl des Herzogs Carl Eugen besuchte er die Militärakademie, danach studierte er Medizin (Promotion 1780). Seine schriftstellerische Tätigkeit führte zur Verfolgung durch den Herzog; er floh nach Mannheim, wo er kurze Zeit als Theaterdichter tätig war, lebte danach in Loschwitz (heute zu Dresden gehörig), Weimar und Jena; hier trat er 1789 eine ehrenamtliche Professur an. Die Jahre 1785–1794 sind gekennzeichnet durch historische Arbeiten, Kant-Studien und die Beschäftigung mit antiker Dramatik und Lyrik. 1790 heiratete er Charlotte von Lengefeld; ein Jahr später erkrankte er lebensgefährlich, wovon er sich nie wieder ganz erholte. In den neunziger Jahren entstanden u. a. die genannten anthropologischen und ästhetischen Aufsätze sowie zahlreiche Lehrgedichte. In dieser Zeit intensivierte sich der Kontakt mit Goethe, woraus sich eine literarisch fruchtbare Freundschaft entwickelte. 1799 siedelte er nach Weimar über; dort publizierte er seine klassischen Dramen von *Maria Stuart* bis *Wilhelm Tell.* Schiller starb nach schwerer Krankheit am 9. Mai 1805. 1827 wurden seine Gebeine in die Weimarer Fürstengruft überführt, wo sie neben denen Goethes ruhen.

Die vorliegende Anthologie bietet einen Querschnitt durch sein lyrisches Werk. Sie enthält eine kleine Auswahl der frühen Lyrik, dokumentiert einige der wichtigsten Texte aus der mittleren Phase und bietet ein breites Spektrum der ab 1795 entstandenen Gedichte und Balladen. Sie alle wollen wiedergelesen oder neu entdeckt werden, sie regen an zum Nachdenken, manche auch zum Widerspruch – und lohnen in jedem Fall die kritische Auseinandersetzung.

Als Druckvorlage diente: Friedrich Schiller: Sämtliche Werke. Auf Grund der Originaldrucke hrsg. von G. Fricke und H. G. Göpfert in Verbindung mit H. Stubenrauch. 5 Bde., 4., durchgesehene Aufl., München 1965.

Hansjürgen Blinn

Der Herausgeber

Dr. Hansjürgen Blinn (geb. 1941) ist Literaturwissenschaftler an der Universität Saarbrücken. Thematische Schwerpunkte seiner zahlreichen Publikationen sind der Informationstransfer in den Geisteswissenschaften, Shakespeare in Deutschland, die Frauenliteratur und erotische Dichtung. Er ist Autor des Standardwerkes *Informationshandbuch Deutsche Literaturwissenschaft* (4. Ausgabe 2001) und von vier Büchern zur deutschen Shakespeare-Rezeption (1982–2003). Im Aufbau-Verlag und Aufbau Taschenbuch Verlag sind von ihm erschienen: *Ich will dich. Die hundert schönsten erotischen Gedichte* (3. Auflage 2003); *Rote Lippen. Die schönsten Kuß-Gedichte* (2003); *Kennst du das Land. Die hundert schönsten Italien-Gedichte* (2003).

Alphabetisches Verzeichnis der Gedichtanfänge und -überschriften